Janet Wünsche

Kostenüberschreitung öffentlicher Großprojekte in Deutschland

Problemanalyse und Lösungsvorschläge

Bibliografische Information der Deutschen Nationalbibliothek:

Die Deutsche Nationalbibliothek verzeichnet diese Publikation in der Deutschen Nationalbibliografie; detaillierte bibliografische Daten sind im Internet über http://dnb.d-nb.de abrufbar.

Impressum:

Copyright © Studylab 2019

Ein Imprint der GRIN Publishing GmbH, München

Druck und Bindung: Books on Demand GmbH, Norderstedt, Germany

Coverbild: GRIN Publishing GmbH | Freepik.com | Flaticon.com | ei8htz

Inhaltsverzeichnis

Abbildungsverzeichnis V

Tabellenverzeichnis VI

1 Einleitung 1

    1.1 Begriffsabgrenzung 1

    1.2 Problemstellung 2

    1.3 Aufbau der Arbeit 2

2 Vergabe öffentlicher Aufträge 4

    2.1 Gesetzliche Grundlage 4

    2.2 Vergabeverfahren 8

3 Kostenüberschreitungen öffentlicher Großprojekte in Deutschland 12

    3.1 Studie: Großprojekte in Deutschland – zwischen Ambition und Realität 12

    3.2 Der Flughafen Berlin Brandenburg (BER) 17

    3.3 Die Elbphilharmonie 22

4 Problemanalyse 27

    4.1 Vergabe öffentlicher Aufträge 29

    4.2 Art und Eigenschaften eines Projekts 31

    4.3 Unübersichtliche Strukturen und fehlende Verantwortlichkeiten 33

    4.4 Mangelndes Projektmanagement 36

    4.5 Mangelndes Projektcontrolling 43

    4.6 Korruption und kriminelle Geschäfte 44

5 Lösungsvorschläge **46**

5.1 Der 10-Punkte-Plan der Reformkommission Bau von Großprojekten 46

5.2 Verlagerung des Aufwands in die frühen Projektphasen 49

5.3 Sektorenübergreifende Analyse von Projekten 50

6 Fazit **52**

Literatur- und Quellenverzeichnis **53**

Abbildungsverzeichnis

Abbildung 1: Vereinfachte gesetzliche Struktur im Oberschwellenbereich 5

Abbildung 2: Vergabeverfahren im Überblick 9

Abbildung 3: Verteilung der durchschnittlichen Kostenüberschreitung auf verschiedene Sektoren 15

Abbildung 4: Durchschnittliche Kostenüberschreitung pro Projekt in % 16

Abbildung 5: Erfolgsfaktoren von Projekten 27

Abbildung 6: Hauptgründe für Kostenüberschreitungen öffentlicher Großprojekte in Deutschland 29

Abbildung 7: Modell einer Projektorganisation im öffentlichen Auftragswesen 34

Abbildung 8: Die fünf Phasen des Projektlebenszyklus 39

Abbildung 9: Kostenverlauf im Phasenmodell des Projektlebenszyklus 42

Abbildung 10: Kostenentwicklung im Projektlebenszyklus bei mangelhafter Planung ... 42

Abbildung 11: Verlagerung des Aufwands in die frühen Projektphasen 50

Tabellenverzeichnis

Tabelle 1: Schwellenwerte der EU-Richtlinie 5

Tabelle 2: Gesamte Plan-Ist-Abweichung von Kosten öffentlicher Großprojekte in Deutschland zwischen 1960 und 2014 13

Tabelle 3: Spannweite der Kostenüber/ und -unterschreitungen 14

Tabelle 4: Aktuelle Soll-Ist-Abweichung des BER zum März 2019 20

Tabelle 5: Soll-Ist-Abweichung öffentlich getragener Kosten der Elbphilharmonie 25

Tabelle 6: Kompetenzfelder einer Projektleitung 38

1 Einleitung

„*Deutschlands Albtraum-Projekte*"[1] – eine Schlagzeile des Spiegel aus dem Jahr 2015. Viele weitere Male berichten Medien über „*Skandalbauten*"[2] oder „*Geldvernichter*"[3], wie bspw. die Elbphilharmonie und den Berliner Flughafen. Die Artikel berichten von Zeit- und Kostenüberschreitungen öffentlicher Großprojekte in Deutschland. Diese überschreiten die Plankosten laut einer Studie der Hertie School of Governance um durchschnittlich 73%.[4]

Dies zeigt, dass Kostenüberschreitungen öffentlicher Großprojekte in Deutschland nicht selten anzutreffen sind. Doch warum kommt es zu solchen „*Kostenexplosionen*"[5] und was steckt hinter den Schlagzeilen der Medien? Diese Fragen werden im Laufe der vorliegenden Arbeit beantwortet.

Um den Einstieg in die Thematik zu erleichtern werden vorab im folgenden Abschnitt 1.1 für diese Arbeit wichtige Begrifflichkeiten erklärt. Unter anderem wird erläutert, welche Merkmale ein Projekt kennzeichnen und wie ein Großprojekt definiert wird. In Kapitel 1.2 wird die zu beantwortende Fragestellung und die vorliegende Problematik konkretisiert. Im letzten Abschnitt des Kapitel 1 wird die Vorgehensweise und Gliederung der Arbeit erläutert.

1.1 Begriffsabgrenzung

Nach der DIN 69901-5:2009-01 wird ein Projekt als „*Vorhaben, das im Wesentlichen durch Einmaligkeit der Bedingungen in ihrer Gesamtheit gekennzeichnet ist.*" definiert. In der Literatur werden wiederholt Eigenschaften wie die Neuartigkeit, Komplexität, sowie zeitliche Begrenzung[6], als auch der Beteiligung von verschiedenster Akteure[7] angegeben. SCHILLING spricht außerdem von „*[...]Unsicherheit bezüglich Zeit, Erfolg und Kosten[...]*".[8] Weitere Faktoren, wie die Größenordnung

---

[1] Spiegel Online, Artikel: Deutschlands Albtraum-Projekte (2015, online)
[2] Süddeutsche Zeitung, Artikel: Überteuerte Großprojekte, Skandalbauten mit hohem Kostenfaktor (2011, Online)
[3] Vgl. Südkurier. Artikel: Groß, größer, Geldvernichter (2018, online)
[4] Vgl. Hertie School of Governance. Studie: Großprojekte in Deutschland – Zwischen Ambition und Realität. Fact sheet 1 (2015).
[5] Vgl. Ottmer/ZDF, Artikel: Kostenfalle bei Großprojekten (2018, online)
[6] Vgl. Keßler und Winkelhofer (2004, S. 10 f.)
[7] Vgl. Patzak und Rattay (2018, S. 22)
[8] Vgl. Schilling (2004, S. 15)

Einleitung

und die Art eines Projekts sind fundamental, um ein Projekt zu beschreiben.[9] Die Größenordnung eines Projekts definiert sich dabei nicht nur durch zeitliche, personelle, materielle und finanzielle Größen, sondern auch durch die durchführende bzw. auftraggebende Instanz, welche auch die Risiken zu tragen hat. Z. B. ist der Bau einer Fertigungsanlage mit 200 m² Grundfläche ein Projekt großen finanziellen Ausmaßes für ein Kleinstunternehmen. Die Risiken könnten im schlimmsten Fall sogar die Existenz des Unternehmens gefährden. Für einen weltweit tätigen Konzern oder eine Großstadt als öffentlichen Auftraggeber ist dieses Projekt hingegen nur ein kleines Vorhaben. Eine trennscharfe Abgrenzung zwischen den Größenbezeichnungen eines Projekts kann demnach grundlegend nicht erfolgen. In dieser Arbeit wird der Begriff des Großprojekts anhand der in Kapitel 2.1 erläuterten Schwellenwerte definiert. Die Definition eines Großprojekts bezieht sich in dieser Arbeit auf den gesetzlichen Oberschwellenbereich und somit auf öffentliche Projekte, die europaweit ausgeschrieben werden.

1.2 Problemstellung

Öffentliche Großprojekte in Deutschland überschreiten laut Medienberichten regelmäßig die geschätzten Kosten bis zur Fertigstellung. Die tatsächlichen Kosten öffentlicher Großprojekte sind dabei oft deutlich höher als geplant. Auch die zeitliche Projektplanung wurde in der Vergangenheit mehrfach massiv überschritten. Diese Kosten werden durch öffentliche Finanzmittel getragen und stehen somit im Interesse der Öffentlichkeit. Zumeist werden jedoch nur die Kosten oder Verzögerungen der Projekte in den Medien thematisiert. Informationen über die genauen Ursachen sind nicht oder nur selten Teil der öffentlichen Berichterstattung. Folglich stellt sich die Frage, aus welchen Gründen Kostenüberschreitungen bei öffentlichen Großprojekten in Deutschland entstehen und welche Maßnahmen ergriffen werden können, um diesen entgegenzuwirken.

1.3 Aufbau der Arbeit

Um die Fragestellung aus Kapitel 1.2 zu beantworten, wird zu Beginn der Arbeit dargestellt, wie sich öffentliche Aufträge definieren und wie die öffentliche Auftragsvergabe in Deutschland gesetzlich geregelt ist. Insbesondere werden die Vergabeverfahren und deren spezifischen Voraussetzungen erläutert. Das Wissen

---

[9] Dies und das Folgende vgl. Gessler (2016, S. 43 ff.)

über die gesetzliche Grundlage ermöglicht nicht nur ein besseres Verständnis über die allgemeine Thematik öffentlicher Aufträge. Auch bietet sich die Möglichkeit, eine Problemanalyse gleich von der Geburtsstunde der Projekte an durchzuführen. Somit wird sichergestellt, dass alle Phasen des Projektlebenszyklus[10] abgedeckt werden.

In Kapitel 3 wird schließlich ein Überblick über die Kostenüberschreitungen öffentlicher Großprojekte in Deutschland anhand von historischen Daten gegeben. Unter anderem wird die Studie „Großprojekte in Deutschland – zwischen Ambition und Realität" der Hertie School of Governance vorgestellt, sowie auf die Beispiele des Berliner Flughafens und der Elbphilharmonie eingegangen.

In Kapitel 4 wird nachfolgend eine Problemdiagnose durchgeführt. Hier werden sechs Hauptprobleme erläutert und mit den Beispielen aus Kapitel 3 verknüpft.

In Kapitel 5 werden Lösungsvorschläge auf Basis der in Kapitel 4 dargestellten Problematiken gegeben. Hier wird zum einen der 10-Punkte-Plan der Reformkommission Bau von Großprojekten vorgestellt. Zum anderen werden weitere Lösungsvorschläge angeboten.

Zum Schluss der Arbeit wird ein Fazit gezogen und die wichtigsten Punkte werden kurz zusammengefasst.

---

[10] Siehe Kapitel 4.4

2 Vergabe öffentlicher Aufträge

Für eine Analyse möglicher Quellen von Kostenüberschreitungen öffentlicher Großprojekte bietet sich in einem ersten Schritt die Analyse der Gesetze und Richtlinien zur Vergabe öffentlicher Aufträge in Deutschland an. In den folgenden Abschnitten wird erläutert, wie Aufträge oberhalb sogenannter Schwellenwerte (*Tabelle 1, S. 5*) in Deutschland von der öffentlichen Hand vergeben werden. Dabei wird ein Überblick über die geltenden Gesetze gegeben und dargestellt, wie diese miteinander verknüpft sind.

2.1 Gesetzliche Grundlage

Öffentliche Aufträge kennzeichnen sich zum einen durch die Auftraggeber. Das Gesetz gegen Wettbewerbsbeschränkung unterscheidet gem. den §§ 99 bis 101 GWB öffentliche Auftraggeber, Sektorenauftraggeber und Konzessionsgeber. Zum anderen werden die Aufträge gemäß § 103 GWB nach ihrer Art in Beschaffung von Leistungen, Lieferung von Waren oder Ausführung von Bauleistungen unterschieden.

Die Vergabe öffentlicher Aufträge in Deutschland wird grundsätzlich im Vergaberecht geregelt. Insbesondere sind hier das Gesetz gegen Wettbewerbsbeschränkung (GWB), die Vergabeverordnung (VgV) und die Vergabe- und Vertragsordnung für Bauleistungen (VOB) zu nennen. Diese Gesetze unterliegen dem sogenannten Unionsrecht (auch: EU-Richtlinie genannt)[11], welches im Wesentlichen die Grundsätze zur Abwicklung der öffentlichen Beschaffungsvorgänge in EU-Mitgliedstaaten regelt. Die Grundprinzipien der Transparenz, der Nichtdiskriminierung und des fairen Wettbewerbs sind dabei bei der Vergabe öffentlicher Aufträge von zentraler Bedeutung. Neben den oben genannten Grundsätzen gibt die EU-Richtlinie zudem die Netto-Schwellenwerte vor. Diese beziehen sich auf den nach § 3 VgV geschätzten Gesamtauftragswert eines öffentlichen Auftrags zum Zeitpunkt der Ausschreibung. Werden die Schwellenwerte erreicht oder überschritten muss zwingend eine europaweite Ausschreibung erfolgen. Die jeweils aktuellen Schwellenwerte werden im Bundesanzeiger veröffentlicht und entsprechend im Gesetz gegen Wettbewerbsbeschränkung (GWB) umgesetzt. Die Aktualisierung erfolgt in der Regel in einem 2-jährigen Turnus.[12]

---

[11] Dies und das Folgende vgl. Noch (2016, S. 2)
[12] EU-Richtlinie 2014/23/EU Titel 1, Kapitel 1, Artikel 9 Absatz 1

Tabelle 1 stellt die seit dem 01. Januar 2018 geltenden EU-Schwellenwerte für die einzelnen Leistungsarten dar.

Leistungsart	Schwellenwert
Bauaufträge & Konzessionsvergabe	5.548.000 EUR
Liefer- und Dienstleistungen & Wettbewerbe von zentralen Regierungsbehörden	144.000 EUR
Liefer- und Dienstleistungen von anderen öffentlichen Auftraggebern	443.000 EUR
Sonstige Liefer- und Dienstleistungen	221.000 EUR

Tabelle 1: Schwellenwerte der EU-Richtlinie
Quelle: BAnz AT 29.12.2017 B1, I. Richtlinie 2014/24/EU – Richtlinie über die öffentliche Auftragsvergabe

Die Schätzung der Netto-Auftragswerte bei einer öffentlichen Ausschreibung muss sich auf den Gesamtauftrag beziehen. Das Verbot zur Aufteilung des Auftragswerts in Einzelaufträge wird in § 3 Abs. 2 VgV näher beschrieben. Dieses Verbot verhindert, dass eine europaweite Ausschreibung umgangen wird.

Folgende *Abbildung 1* zeigt die gesetzliche Struktur zur Vergabe öffentlicher Aufträge des Oberschwellenbereichs nach der letzten Reform vom 18. April 2016 vereinfacht auf.

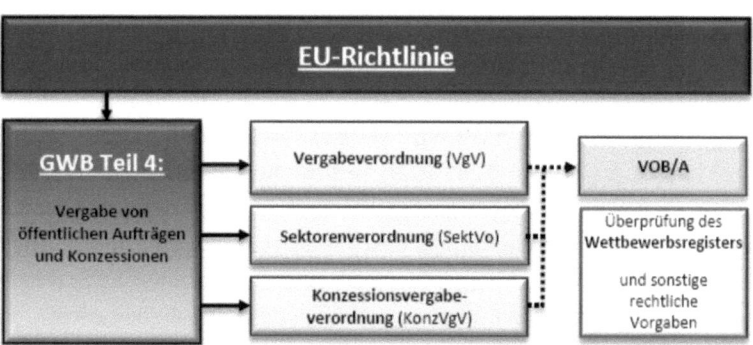

Abbildung 1: Vereinfachte gesetzliche Struktur im Oberschwellenbereich

Die aktuell geltenden Richtlinien des Unionsrechts zur Vergabe öffentlicher Aufträge (RL 2014/23 bis 25/EU) werden in Deutschland mit dem Gesetz gegen Wettbewerbsbeschränkung (GWB) in nationales Recht umgesetzt. Dieses regelt grundlegend im Teil 4 die Vergabe von öffentlichen Aufträgen und Konzessionen. Diese grenzen sich gemäß § 105 Abs. 2 GWB durch das auf den Konzessionsnehmer übertragene Betriebsrisiko von Bauwerken bzw. der Verwertung von Dienstleistungen von öffentlichen Aufträgen nach § 103 GWB ab. Dieses Vorgehen kann auch als Privatisierung bezeichnet werden.

Weiter spezifiziert wird das Vergaberecht in der Vergabeverordnung (VgV), der Sektorenverordnung (SektVo) und der Konzessionsvergabeverordnung (KonzVgV). Dabei unterscheiden sich die vorgenannten Gesetze nach ihren Geltungsbereichen. Die Vergabeverordnung präzisiert gem. § 1 VgV die einzuhaltenden Verfahren bei der Vergabe öffentlicher Aufträge nach GWB Teil 4. Dieses gilt jedoch nicht für Sektorenaufträge, die durch Sektorenauftraggeber oder Konzessionen, die durch Konzessionsgeber vergeben werden. Entsprechend greifen in diesen speziellen Bereichen die beiden anderen Verordnungen. Des Weiteren ist die Vergabe- und Vertragsordnung für Bauleistungen (VOB) anzuwenden, falls es sich um Bauleistungen gem. § 103 GWB handelt. Der erste Teil (VOB/A) regelt die Vergabe öffentlicher Bauaufträge im Unter- und Oberschwellenbereich. Der zweite Teil (VOB/B) betrifft die Vertragsausgestaltung bei öffentlich vergebenen Bauaufträgen.

Neben den vorgenannten gesetzlichen Regelungen bestehen weitere sonstige rechtliche Vorgaben, die die Vergabe öffentlicher Aufträge betreffen. Zu nennen wären hier z. B. § 21 SchwarzArbG[13] (Schwarzarbeitsbekämpfungsgesetz) und § 19 MiLoG (Mindestlohngesetz). Sie regeln mögliche Ausschlüsse einzelner Bewerber von der Teilnahme an Wettbewerben um öffentliche Aufträge. Um die Überprüfung solcher möglichen Ausschlüsse zu vereinfachen, wurde zum 27. Juli 2017 das neue elektronische Wettbewerbsregister eingeführt.[14] Eingetragen werden hier Unternehmen, die nach § 123 GWB z. B. wegen Bildung krimineller Vereinigungen (§ 123 Abs. 1, Nr.1 GWB i.V.m. § 129 StGB) oder Geldwäsche (§ 123 Abs. 1, Nr. 3 i.V.m. § 261 StGB) rechtskräftig verurteilt worden sind oder wenn nach § 30 OWiG (Gesetz gegen Ordnungswidrigkeiten) eine Geldbuße festgesetzt wurde. Die zentrale Abfrage über dieses elektronisch geführte Register ermöglicht es, die nötigen Informationen mit geringem Zeitaufwand zu erhalten. Die zuvor übliche, deutlich aufwendigere Abfrage des Gewerbezentralregisters kann somit entfallen. Eine Löschung aus dem Register erfolgt i.d.R. nach einer Frist von

---

[13] Dies und das Folgende vgl. Rüger (2016, S. 5)
[14] Dies und das Folgende vgl. BMWi, Webseite: Wettbewerbsregister

3 bis 5 Jahren oder nach einer erfolgreichen Selbstreinigung[15] gem. § 125 GWB. Eine Abfrage des Wettbewerbsregisters ist im Oberschwellenbereich zwingend durchzuführen.

Die geltenden EU-rechtlichen Vorgaben zum Vergaberecht wurden mit der Vergaberechtsmodernisierungsreform (VergRModVO) zum 18. April 2016 in Deutschland umgesetzt. Diese Reform zielt auf eine Vereinheitlichung des europarechtlichen und des nationalen Vergaberechts der einzelnen EU-Mitgliedsstaaten ab.[16] Außerdem sollen die Vergabeverfahren vereinfacht und für mittelständische Unternehmen besser zugänglich gemacht werden. Die Digitalisierung der Kommunikationswege und eine stärkere Stützung der öffentlichen Auftragsvergabe durch strategische (z. B. ökologische) Ziele werden durch die Vergaberechtsmodernisierungsverordnung in Deutschland umgesetzt. Unter anderem wurde auch die Konzessionsvergabeverordnung (KonzVgV) eingeführt und eine Vergabestatistikverordnung (VergStatVO) erlassen. Letztere bewirkt eine bundesweite Verpflichtung der Auftraggeber zu einer Übermittlung der in § 3 Abs. 1 bis 8 VergStatVO genannten Daten (z. B. Zuschlagskriterien, Verfahrensart etc.) an das Bundesministerium für Wirtschaft und Energie. Dies gilt nach § 2 VergStatVO unter anderem zwingend bei der Vergabe eines Auftrags im Oberschwellenbereich. Die Konzessionsvergabeverordnung wurde hauptsächlich eingeführt, um eine bessere Überprüfbarkeit der Vergabe von Konzessionen zu erreichen und die Grundsätze der EU-Richtlinie speziell für diesen Bereich zu untermauern. Aus diesem Grund ist gem. § 30 KonzVgV unverzüglich allen Bietern und Bewerbern eine Begründung der Vergabeentscheidung mitzuteilen.

Auf Basis der in diesem Kapitel vorgestellten gesetzlichen Grundlagen zur Vergabe öffentlicher Aufträge in Deutschland werden im folgenden Kapitel die unterschiedlichen Vergabeverfahren und deren Ablauf erläutert.

---

[15] *Eine Selbstreinigung kann gem. §125 Abs.1 Nr. 1 durch einen Ausgleich des durch eine Straftat oder Fehlverhalten verursachten Schadens erfolgen. Auch eine Klärung des Sachverhalts durch aktive Zusammenarbeit mit den Ermittlungsbehörden gem. §125 Abs. 1 Nr. 2 oder konkrete Maßnahmen zur Vermeidung weiterer Straftaten gem. §125 Abs. 1 Nr. 3 sind Möglichkeiten, einem Ausschluss von Vergabeverfahren entgegenzuwirken.*
[16] Dies und das Folgende vgl. Rüger (2016, S. 3)

2.2 Vergabeverfahren

Grundsätzlich gibt es fünf mögliche Vergabeverfahren, die im Oberschwellenbereich Anwendung finden. Nach § 119 GWB werden folgende Vergabeverfahren unterschieden:

(1) Offenes Verfahren (§ 15 VgV)
(2) Nicht offenes Verfahren (§ 16 VgV)
(3) Verhandlungsverfahren (§ 17 VgV)
(4) Wettbewerblicher Dialog (§ 18 VgV)
(5) Innovationspartnerschaft (§ 19 VgV)

In der Vergabeverordnung (VgV) werden die genannten Verfahren weiter spezifiziert und auch deren Anwendungskriterien dargelegt. Öffentliche Auftraggeber können nach § 14 Abs. 2 VgV frei zwischen einem offenen und nicht offenen Verfahren wählen. Die anderen Verfahrensarten kommen hingegen nur in Betracht, wenn bestimmte Zulässigkeitsvoraussetzungen, z. B. der Bedarf innovativer Lösungen, erfüllt sind. Diese sind in § 14 Abs. 3 & 4 VgV für Verhandlungsverfahren (3) und den wettbewerblichen Dialog (4) definiert. Die Zulässigkeitsvoraussetzungen für eine Innovationspartnerschaft (5) werden in § 19 Abs. 1 VgV erläutert.

In allen Verfahren gilt es, zum Zeitpunkt der Ausschreibung auftragsbezogene Zuschlagskriterien festzulegen, die prozentual zu gewichten sind.[17] Neben den Kosten können weitere Kriterien festgelegt werden, wie bspw.:

- Qualität
- Umweltverträglichkeit
- Lieferzeitpunkt
- Rentabilität
- Funktionalität
- Service

Diese gewählten Kriterien und deren Gewichtung sind mit der Ausschreibung zu veröffentlichen und können im Verlauf des Vergabeverfahrens nicht verändert werden.

---

[17] Dies und das Folgende vgl. Noch (2016, S. 899 und 905 f.)

Die folgende *Abbildung 2* veranschaulicht die nachfolgenden Erläuterungen zu den einzelnen Vergabeverfahren und ermöglicht einen schnellen Überblick über die Zulässigkeit der Verfahrensarten. Ist ein Teilnahmewettbewerb erforderlich, wird dies durch ein + gekennzeichnet.

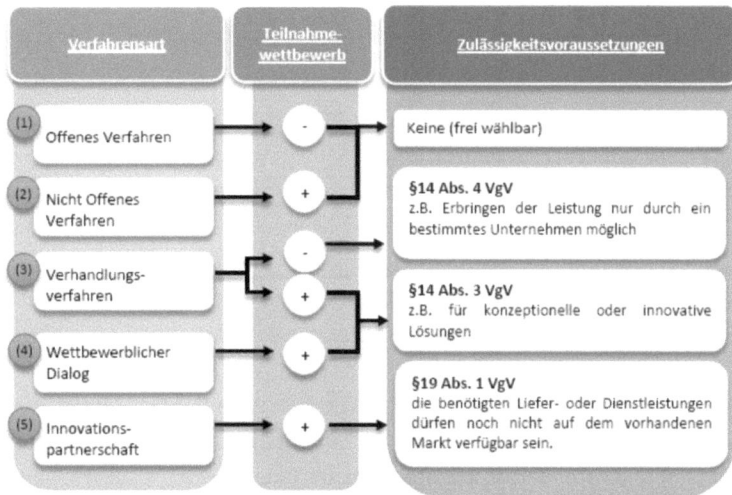

Abbildung 2: Vergabeverfahren im Überblick
Quelle: Eigene Darstellung

Offene Verfahren (1) kennzeichnen sich durch die öffentliche Aufforderung des Auftraggebers zur unbegrenzten Angebotsabgabe interessierter Unternehmen. Nachverhandlungen oder nachträgliche Veränderungen der Angebote sind in diesem Verfahren nicht gestattet. Es wird dem Unternehmen ein Zuschlag erteilt, welches nach § 127 GWB das wirtschaftlichste Angebot abgegeben hat. Dies bedeutet, dass Aufträge nach dem besten Preis-Leistungsverhältnis vergeben werden.

In **nicht offenen Verfahren** (2) hingegen muss ein Teilnahmewettbewerb der Angebotsabgabe vorangehen. Die Prüfungskriterien werden durch den Auftraggeber vorab festgelegt und können im Laufe des Verfahrens nicht mehr verändert werden.[18] Anschließend hat der Auftraggeber die Möglichkeit, die von ihm in begrenzter Anzahl ausgewählten Kandidaten zur Angebotsabgabe aufzufordern. Auch hier gilt das Nachverhandlungsverbot.

---

[18] Vgl. Leinemann (2016, S. 5)

Bei **Verhandlungsverfahren** (3) kann zwischen einem offenen und nicht offenen Vorgehen gewählt werden. Hier ist erstmals eine Nachverhandlung der abgegebenen Angebote möglich. Die vom Auftraggeber festgelegten Mindestanforderungen und Zuschlagskriterien sind jedoch von den Verhandlungen ausgeschlossen. Großen Wert erhält hier § 17 Abs. 13 VgV, in welchem die Gleichbehandlung der Bieter durch den Auftraggeber ausdrücklich und zusätzlich zu den ohnehin geltenden Grundsätzen der EU-Richtlinie betont wird.

In einem **wettbewerblichen Dialog** (4) fordert der Auftraggeber eine unbeschränkte Anzahl von Unternehmen zu einem Teilnahmewettbewerb auf, indem er die Bedürfnisse und Anforderungen an die zu beschaffene Leistung offen ausschreibt. Auch die Zuschlagskriterien und ein vorläufiges Zeitfenster zur Dialogaufnahme werden bekanntgegeben. Nach Prüfung der Teilnahmeanträge kann der Auftraggeber die von ihm ausgewählten Unternehmen zu einem Dialog einladen. Hier werden unter anderem Lösungsvorschläge von den Unternehmen dargelegt und weitere Aspekte des Auftrags besprochen. Weitere Dialoge können so lange folgen, bis eine passende Lösung zu den ausgeschriebenen Anforderungen erarbeitet wurde. Nach der Dialogphase werden die noch teilnehmenden Unternehmen zur endgültigen und detaillierten Angebotsabgabe aufgefordert. Nachverhandlungen sind nur mit demjenigen Unternehmen zulässig, dessen Angebot als das wirtschaftlichste ermittelt wurde. Veränderungen des Angebots dürfen nicht zu Wettbewerbsverzerrung oder Diskriminierung der anderen beteiligten Unternehmen führen.

Eine **Innovationspartnerschaft** (5) ist ähnlich definiert wie das Verhandlungsverfahren (3) und der wettbewerbliche Dialog (4). Es wird ebenfalls ein unbeschränkter Teilnahmewettbewerb vorausgesetzt. Vorab hat der Auftraggeber die von ihm gewünschte innovative Liefer- oder Dienstleistung detailliert zu beschreiben. Es werden nach dem Teilnahmewettbewerb eine begrenzte Anzahl Unternehmen zur Angebotsabgabe aufgefordert. Eine Besonderheit dieses Verfahrens ist jedoch, dass die Angebote in Form von Forschungs- und Innovationsprojekten eingereicht werden. Die Angebote können nachgehandelt werden, mit Ausnahme der festgelegten Zuschlagskriterien und Mindestanforderungen. Auch hier wird nochmals im Gesetz auf eine Gleichbehandlung der Bieter durch den Auftraggeber hingewiesen. In der Innovationspartnerschaft kann der Zuschlag einem oder mehreren Bietern erteilt werden. Dabei darf nicht allein der niedrigste Preis ausschlaggebend sein. Ist der Vertrag geschlossen wird eine Innovationspartnerschaft dem Gesetz nach in zwei Phasen eingeteilt:

- Zuerst eine Forschungs- und Entwicklungsphase, die die Herstellung von Prototypen oder eine Entwicklung der Dienstleistung umfasst.
- Darauf folgt eine Leistungsphase, in der die vertragliche festgelegte Leistung erbracht wird, z.B. die fertige Innovation an den Auftraggeber verkauft wird.

Die Vergabe erfolgt dabei in jedem Vergabeverfahren streng nach den Grundsätzen der Transparenz, der Nichtdiskriminierung und der Objektivität im fairen Wettbewerb.

Die in Kapitel 2 erläuterte gesetzliche Grundlage zur Vergabe öffentlicher Aufträge ermöglicht es, die in den folgenden Kapiteln dargestellten Sachverhalte tiefer zu durchdringen. Speziell in Kapitel 4.1 wird nochmals im Rahmen der Problemanalyse auf mögliche Fehlerquellen in der Vergabe öffentlicher Aufträge hingewiesen.

Das nachfolgende Kapitel 3 gibt einen Überblick über Kostenüberschreitungen öffentlicher Großprojekte in Deutschland.

3 Kostenüberschreitungen öffentlicher Großprojekte in Deutschland

In diesem Kapitel werden Daten zu öffentlichen Großprojekten in Deutschland erläutert. Zu Beginn werden die Ergebnisse der Studie „Großprojekte in Deutschland – zwischen Ambition und Realität" (2015) der Hertie School of Governance in Kapitel 3.1 vorgestellt. Die Studie zeigt die Verteilung der Kostenüberschreitungen von 170 öffentlichen Großprojekten in Deutschland auf verschiedene Sektoren auf. Dies ermöglicht es, einen umfassenden Eindruck über die Thematik zu gewinnen. Darauffolgend werden in Kapitel 3.2 und 3.3 zwei Beispiele konkretisiert: Die Chroniken des Berliner Flughafens Berlin Brandenburg (BER) und der Elbphilharmonie in Hamburg.

3.1 Studie: Großprojekte in Deutschland – zwischen Ambition und Realität

Die Hertie School of Governance untersuchte im Jahr 2015 im Rahmen der Studie „Großprojekte in Deutschland – zwischen Ambition und Realität"[19] insgesamt 170 Großprojekte in Deutschland ab einem Auftragswert von 4,4 Mio. Euro.[20] Die Projekte wurden zwischen 1960 und 2014 realisiert. Darunter befanden sich 119 bereits abgeschlossene, wie auch 51 noch laufende Projekte aus verschiedenen Sektoren. Die in diesem Kapitel dargestellten Zahlen entsprechen dem Stand der Studie zum Mai 2015. Die Untersuchungen der Studie ergaben eine durchschnittliche Kostensteigerung für abgeschlossene öffentliche Großprojekte in Deutschland von 73%. In Summe erreichten alle Projekte eine Überschreitung der geplanten Kosten von ca. 59 Mrd. Euro. Das entspricht 42% der geplanten Gesamtkosten. Den größten Anteil daran nimmt der Sektor Verkehr mit gesamt 15,7 Mrd. Euro Mehrkosten ein.[21] Die tatsächlichen Kosten in diesem Sektor überschreiten die geplanten Kosten um 36%. Im Sektor Informations- und Kommunikationstechniken (nachfolgend als IKT bezeichnet) zeigt sich ein noch deutlicheres Bild: insgesamt haben Projekte im Bereich der IKT die Plankosten um 125% überschritten. Statt 11,8 Mrd.

---

[19] Alle Daten zur Studie sind öffentlich zugänglich unter: https://www.hertie-school.org/de/infrastruktur/
[20] Dies und das Folgende vgl. Hertie School of Governance. Studie: Großprojekte in Deutschland – Zwischen Ambition und Realität. Fact sheet 1 (2015, online).
[21] Dies und das Folgende vgl. Hertie School of Governance. Large Infrastructure Projects in Germany. Between Ambition and Realities. Working Paper 1 (2015, S. 7).

Euro kosten die Projekte 26,6 Mrd. Euro. Dabei sind jedoch laufende Projekte einberechnet, die (noch) deutlich weniger Mehrkosten verursacht haben, als bereits abgeschlossene Projekte in diesem Sektor. Mehr Informationen zur Aufteilung der Kostenüberschreitung zwischen abgeschlossene und noch laufende Projekte werden in *Abbildung 4* (Seite 16) dargestellt.

In der nachfolgenden *Tabelle 2* werden einige Daten der einzelnen Sektoren aufgezeigt. Die Tabelle beinhaltet die Gesamtanzahl der Projekte (abgeschlossene und noch laufende Projekte), sowie die gesamten Plan- und Ist-Kosten. Es wird zudem ausgewiesen, wie viel Prozent die tatsächlichen Kosten von den geplanten Kosten abweichen.

Sektor	Anzahl der Projekte	Geplante Gesamtkosten in Mrd. €	Tatsächliche Gesamtkosten in Mrd. €	Kostenüberschreitung in %
Verkehr	51	43,9	59,6	36
IKT	10	11,8	26,6	125
Energie	10	14,2	25,6	80
Rüstung	8	54,2	65,2	20
Gebäude	87	11,7	15,3	31
Andere	4	4,7	6,9	47
Gesamt	170	140,5	199,2	42

Tabelle 2: Gesamte Plan-Ist-Abweichung von Kosten öffentlicher Großprojekte in Deutschland zwischen 1960 und 2014
Quelle: eigene Darstellung auf Basis von Daten der Studie (vgl. working paper 1)

Eine isolierte Betrachtung der Gesamtüberschreitungen ist jedoch ohne weitere Informationen nicht aussagekräftig, da die Kostenabweichungen je nach Projekt stark variieren. Um ein Gesamtbild zu erhalten muss zusätzlich die Spannweite der Kostenüber/ und -unterschreitungen und die Aufteilung in abgeschlossene und laufende Projekte beachtet werden.

In der folgenden *Tabelle 3* werden für jeden Sektor (ausgenommen Andere) der prozentuale Wert der Abweichung des Projekts mit den niedrigsten und höchsten Kosten im Bezug zu den Plankosten aufgeführt. Die Darstellung demonstriert, wie weit die Werte voneinander abweichen können. Die Zahlen beziehen sich dabei erneut auf bereits abgeschlossene, wie auch noch laufende Projekte.

Sektor*	Spannweite in %	
	von	bis
Verkehr	-23	+148
IKT	-7	+1150
Energie	+19	+494
Rüstung	-4	+135
Gebäude	-9	+425

Tabelle 3: Spannweite der Kostenüber/ und -unterschreitungen
Quelle: Eigene Darstellung auf Basis von Daten der Studie (vgl. Fact Sheet 1, S. 2)
*nicht aufgeführt: Sektor Andere

Die Tabelle verdeutlicht, dass die Großprojekte die Plankosten sowohl über- als auch unterschreiten. Dies bedeutet, dass nicht alle Großprojekte zwingend teurer sind, als geplant. Jedoch ist eine klare Tendenz zu Kostenüberschreitungen ersichtlich. Prägnant sticht erneut der Sektor IKT heraus: die Spitze von 1150% Kostenüberschreitung erreichte die Entwicklung des Steuersystems FISCUS.[22] Das entspricht Mehrkosten im Wert von 4,6 Mrd. Euro für ein bis heute unvollendetes Projekt. Eine Gesamtbetrachtung der beiden Tabellen (2 und 3) verdeutlicht, dass die geplanten Projektkosten je nach Bereich stark variieren und auch die Überschreitung in einigen Sektoren deutlich höher ausfällt, als in anderen. Dies lässt sich durch einen Vergleich von zwei Sektoren veranschaulichen:

- Im Sektor Energie wurde für 10 Großprojekte eine Gesamtsumme von 14,2 Mrd. Euro Kosten erwartet. Die Plankosten werden im Schnitt um 80% überschritten. Das Projekt, mit den geringsten Kostenüberschreitungen verursachte 19% höhere Kosten, als geplant. Hingegen wurden auch Überschreitungen von bis zu 494% dokumentiert.
- Der Sektor Verkehr verursachte mit 51 Großprojekten 59,6 Mrd. Euro statt der geplanten 43,9 Mrd. Euro. Eine Steigerung um durchschnittlich 36%. Die Spanne umfasst um bis zu 23% günstigere, wie auch bis zu 148% teurere Projekte.

---

[22] Vgl. Hertie School of Governance. Large Infrastructure Projects in Germany. Between Ambition and Realities. Working Paper 1 (2015, S. 12).

Im Vergleich lässt sich erkennen, dass die Sektoren völlig unterschiedlich hohe Gesamtkosten, sowie Kostenüberschreitungen aufweisen. Die folgende *Abbildung 3* visualisiert die prozentuale Verteilung der gesamten Kostenüberschreitung (Tabelle 2) auf die verschiedenen Sektoren. Die Abbildung ist in zwei Teile gegliedert:

- Im oberen Bereich wird der prozentuale Anteil der durchgeführten Projekte je Sektor von gesamt 170 Projekten (blau) und der prozentuale Anteil jedes Sektors an der gesamten Kostenüberschreitung i. H. v. 59 Mrd. Euro (orange) dargestellt.
- Der untere Bereich beschreibt die durchschnittliche Kostenüberschreitung in Mrd. Euro für 1 Projekt des jeweiligen Sektors (violett).

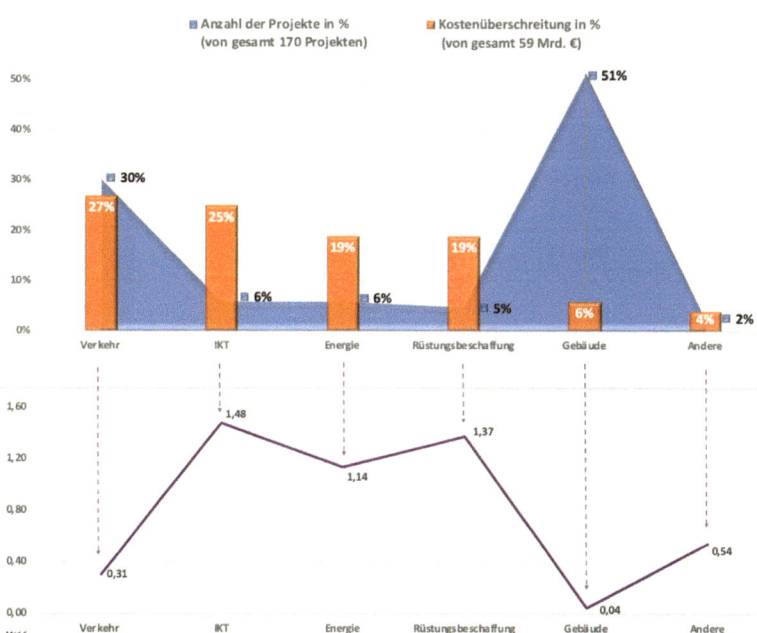

Abbildung 3: Verteilung der durchschnittlichen Kostenüberschreitung auf verschiedene Sektoren
Quelle: eigene Darstellung auf Basis der Daten der Studie

Trotz des großen Anteils von 51% an der Gesamtanzahl der Projekte verursachen Großprojekte im Bereich Gebäude nur 6% der gesamten Kostenüberschreitung.

Gegenteilig verursacht der Sektor IKT mit 6% Projektanteil einen Anteil der Mehrkosten von 25%. Dies zeigt, dass die Anzahl der durchgeführten Projekte eines Bereichs nicht auf die Höhe der Gesamtkostenüberschreitung desselben schließen lässt. Vielmehr scheint die Art der Projekte, die mit einem Sektor einhergehen entscheidend. Genaueres wird dazu in Kapitel 4 erläutert.

Für ein Projekt im Sektor IKT ergibt sich eine durchschnittliche Kostenüberschreitung von 1,48 Mrd. Euro. Damit weist dieser Sektor wie bereits zuvor im Vergleich zu den anderen eine höhere Kostenabweichungen auf. Bei dem Bau von Gebäuden hingegen steigen die Kosten pro Projekt nur um durchschnittlich 0,04 Mrd. Euro und im Bereich Verkehr um 0,31 Mrd. Euro.

Um eine noch detailliertere Unterscheidung der Werte zu erreichen, werden die Kostenabweichungen der noch laufenden Projekte und der bereits abgeschlossenen Projekte getrennt voneinander dargestellt. Aus der *Abbildung 4* lässt sich ersehen, dass noch laufende Projekte meist deutlich geringere Mehrkosten zum Zeitpunkt der Studie verursacht haben, als vollendete Projekte. Dies lässt auf die These schließen, dass ein Großteil der Kostenüberschreitungen erst im späteren Projektverlauf bis zur Fertigstellung entsteht.

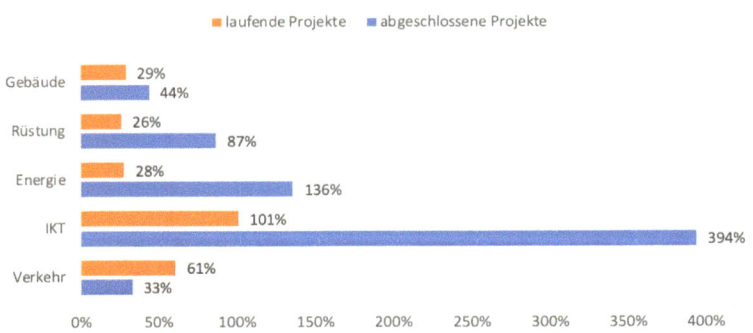

Abbildung 4: Durchschnittliche Kostenüberschreitung pro Projekt in %
Quelle: Eigene Darstellung in Anlehnung der Hertie School of Governance, Fact Sheet 1. (2015, S. 2)

Die einzige Ausnahme bildet der Sektor Verkehr. Hier zeigt sich ein gegenteiliges Bild: Durchschnittlich überschreitet ein noch laufendes Projekt im Bereich Verkehr die geplanten Kosten um 61%, wohingegen ein fertiggestelltes Projekt durchschnittlich lediglich eine Kostenüberschreitung von 33% verursacht. Eine mögliche Erklärung für diese Abweichung bietet die Sanierung des Elbtunnels, die mit 364% Kostenüberschreitung von geplanten 15 Mio. Euro den prozentualen Schnitt in diesem Sektor bei unfertigen Projekten deutlich erhöht. Andere unfertige Projekte im Bereich Verkehr liegen im Vergleich zwischen 17% bis 91% Kostenüberschreitung.

Um den in diesem Kapitel dargestellten Überblick über die allgemeine Situation kostenüberschreitender öffentlicher Großprojekte in Deutschland zu vertiefen, werden in den folgenden beiden Kapiteln zwei Beispiele konkretisiert: der Flughafen Berlin Brandenburg (Sektor: Verkehr) und die Elbphilharmonie in Hamburg (Sektor: Gebäude). Diese beiden Großprojekte wurden in den letzten Jahren immer wieder in den Medien thematisiert und sind international bekannt.

3.2 Der Flughafen Berlin Brandenburg (BER)

Ein mit besonders medialer Aufmerksamkeit begleitetes öffentliches Großprojekt ist der Bau des neuen Großflughafens in Berlin: Der Flughafen Berlin Brandenburg Willy Brandt (BER). Er gilt als ein markantes Beispiel zur Überschreitung prognostizierter Kosten im Rahmen der öffentlichen Auftragsvergabe.

Die Idee eines neuen Hauptflughafens in Berlin entstand bereits kurz nach der Wiedervereinigung Deutschlands zu Beginn der 1990er Jahre.[23] Die Berliner Flughäfen Tegel, Tempelhof und Schönefeld sollen durch einen neuen Single-Flughafen abgelöst und der Flugverkehr in Berlin und Brandenburg neu strukturiert werden. Zu diesem Ziel gründeten die Bundesländer Berlin und Brandenburg durch einen Konsortialvertrag mit der Bundesrepublik Deutschland im Jahr 1991 die Berlin Brandenburg Holding GmbH. Die Holding hatte mehrere Tochtergesellschaften, die den Betrieb der Berliner Flughäfen regelten. Die Tochtergesellschaft Projektplanungs-Gesellschaft mbH Schönefeld (PPS GmbH) wurde zusätzlich 1996 speziell zur Durchführung des geplanten Bauprojekts gegründet. Das Projekt trug damals noch den Namen „Berlin Brandenburg International" (BBI) und sollte am Standort des Flughafens Schönefeld umgesetzt werden. Das Bauprojekt und die Flughafengesellschaft im Ganzen sollten durch eine Konzessionsvergabe und durch den Verkauf

---

[23] Dies und das Folgende vgl. Abgeordnetenhauses Berlin, Bericht: Drucksache 17/3000 (2016, S. 47 f.)

von Anteilen privatisiert werden.[24] Die beiden interessierten Bewerberkonsortien Hochtief und IVG führten über Jahre hinweg einen Streit vor Gericht, um die Vergabe des BBI-Projekts.[25] Das Hochtief Konsortium erhielt ursprünglich den Zuschlag im Rahmen des Vergabeverfahrens. Nach einer erfolgreichen Klage des IVG-Konsortiums wurde diese Vergabe jedoch widerrufen. Unter anderem wurde vor Gericht argumentiert, dass das preislich günstigere Angebot der Hochtief auf Nichteinhalten der festgelegten Mindestvoraussetzungen im Vergabeverfahren zu begründen sei. Somit war laut Vergaberecht kein fairer Wettbewerb gegeben. Schließlich gaben die Hochtief und IVG im Jahr 2001 ein gemeinsames Angebot unter dem Namen Berlin Brandenburg International Partner GmbH & Ko. KG (BBIP) ab. Dieses wurde von der Flughafengesellschaft abgelehnt. Als Grund wurde unter anderem angegeben, dass das Angebot nicht wirtschaftlich sei, da die Flughafengesellschaft trotz Privatisierung erhebliche Risiken hätte tragen müssen.[26] Ebenso wurde die Ernsthaftigkeit des Angebots angezweifelt, da die ursprünglich konkurrierenden Beteiligten des Bieterkonsortiums nur aufgrund eines Gerichtsvorschlags ein gemeinsames Angebot abgaben.[27] Nach weiteren gescheiterten Verhandlungen wurde die Privatisierung im Mai 2003 endgültig abgebrochen. Die PPS GmbH fusionierte mit der BBF Holding GmbH zur Flughafen Berlin Schönefeld GmbH (FBS GmbH). Nach der Neuorganisation des Konzerns übernahm die FBS GmbH die Planung für den Bau des neuen Flughafens selbst und fungierte somit als Sektorenauftraggeber. Das Konsortium der Hochtief und IVG wurden laut Medienberichten mit ca. 40 Mio. Euro für die gescheiterten Verhandlungen entschädigt.[28]

Am 05. September 2006 begannen die Baumaßnahmen des Single-Flughafens am Standort Schönefeld.[29] Zu Beginn waren Gesamtkosten von knapp 2 Mrd. Euro bis zum Eröffnungstermin im **Oktober 2011** geplant. Ein Jahr vor der vermeintlichen Eröffnung wurde der Termin auf den **03. Juni 2012** verschoben. Ein Fehler der

---

[24] Dies und das Folgende vgl. Abgeordnetenhause Berlin, Bericht: Drucksache 17/3000 (2016, S. 89 f.)
[25] Dies und das Folgende vgl. Der Tagesspiegel, Artikel: Zuschlag an Hochtief wieder offen (199, online9)
[26] Vgl. Frankfurter Allgemeine, Artikel: Privatisierung von Hauptstadt-Flughafen gescheitert (2003, online)
[27] Dies und das Folgende vgl. Bericht des Abgeordnetenhauses Berlin, Drucksache 17/3000 (2016, S. 90 f.)
[28] Vgl. B.Z., Artikel: Die Story der BER-Pleite, von Anfang an (2012) und Frankfurter Allgemeine, Artikel: Privatisierung von Hauptstadt-Flughafen gescheitert (2003)
[29] Dies und das Folgende vgl. Süddeutsche Zeitung, Artikel: Chronik des BER (2013, online)

beauftragten Planungsfirma IGK-IGR und deren Insolvenz wurden als Grund angegeben.[30] Zum Jahreswechsel 2011/2012 wurde die Gesellschaft FBS GmbH in die heute noch operierende Flughafen Berlin Brandenburg GmbH (FBB GmbH) umbenannt.[31] Das Bauprojekt erhält zu diesem Zeitpunkt den Namen Flughafen Berlin Brandenburg Willy Brandt mit dem IATA[32]-Codenamen BER. Die Flughafengesellschaft FBB betreibt heute neben dem Bau des BER die noch verbleibenden aktiven Flughäfen Berlin Tegel und Berlin Schönefeld. Die Bundesrepublik Deutschland hält 26%, die beiden Bundesländer Berlin und Brandenburg jeweils 37% Anteil an der FBB.[33] Am 08. Mai 2012, kurz vor dem (*zweiten*) geplanten Eröffnungstermin, wird dieser abgesagt.[34] Die Brandschutzanlage des Flughafens wies laut TÜV-Gutachten erhebliche Mängel auf und konnte deshalb nicht in Betrieb genommen werden. Am **17. März 2013** sollte der Flugbetrieb schließlich nach der Beseitigung der Mängel aufgenommen werden. Dieser (*dritte*) geplante Eröffnungstermin wurde aufgrund von anhaltenden Arbeiten an der Brandschutzanlage abermals gestrichen. Die Verzögerungen begründen sich zum Teil auf die langwierige Vergabe der öffentlich und europaweit zu vergebenen Einzelaufträge. Es wurden laut Aufsichtsrat der Flughafengesellschaft keine geeigneten Angebote abgegeben, was zu deutlichen Verzögerungen führte.[35] Als nächsten Eröffnungstermin nannte die FBB den **27. Oktober 2013**. Aufgrund von anhaltenden technischen Mängeln der Brandschutzanlage konnte auch dieser (*vierte*) Eröffnungstermin nicht eingehalten werden.[36] Kurz darauf wies die FBB im Sachstandsbericht des ersten Quartals 2014 erwartete Gesamtkosten in Höhe von 4,3 Mrd. Euro aus.[37] Diese Planung wurde bereits im darauffolgenden Quartal um weitere 1,1 Mrd. Euro erhöht.[38] Die Fertigstellung der Brandschutzanlage und der Entrauchung, sowie weitere bauliche Maßnahmen führten zu dem erhöhten Kapitalbedarf. Zum Ende des Jahres 2014 wurde

---

[30] Vgl. Abgeordnetenhaus Berlin. Bericht: Drucksache 17/3000 (2016, S. 246 ff.)
[31] Dies und das Folgende vgl. Abgeordnetenhause Berlin. Bericht: Drucksache 17/3000 (2016, S. 48)
[32] *IATA-Codes beschreiben die offizielle internationale Abkürzung von Flughäfen*
[33] Vgl. FBB GmbH. Geschäftsbericht (2017, S. 69)
[34] Dies und das Folgende vgl. Süddeutsche Zeitung, Artikel: Chronik des BER (2013, online)
[35] Dies und das Folgende vgl. Abgeordnetenhaus Berlin. Bericht: Drucksache 17/3000 (2016, S. 359 ff.)
[36] Vgl. FBB GmbH. Sachstandsbericht BER (Stand: 24.02.2013, S. 9)
[37] Vgl. FBB GmbH. Sachstandsbericht BER (Stand: 30.04.2014, S. 11)
[38] Dies und das Folgende vgl. FBB GmbH. Sachstandsbericht BER (Stand: 19.12.2014, S. 6)

eine Eröffnung im **2ten Halbjahr 2017** anvisiert.[39] Durch die Insolvenz des Gebäudetechnikausrüsters Imtech Deutschland kam es zum Jahreswechsel 2016/2017 zu weiteren Verzögerungen.[40] Die Imtech Deutschland war unter anderem zuständig für die Installation der Entrauchungsanlage und von Elektro-, sowie Sanitärarbeiten. Im Februar 2017 wurde durch die FBB bekanntgegeben, dass zusätzlich zur Entrauchungsanlage technische Mängel an elektronischen Türen und der Sprinkleranlage vorliegen.[41] Eine Eröffnung im Jahr 2017 sei nicht wie geplant realisierbar und somit wurde der *fünfte* Eröffnungstermin revidiert. Am 15. Dezember 2017 hat die Gesellschaft schließlich bekannt gegeben, dass der BER im **Oktober 2020** eröffnet werden soll.[42] Dies ist somit der *sechste* geplante Eröffnungstermin für den neuen Berliner Flughafen.

Zur übersichtlichen Darstellung werden die geplanten Kosten zu Baubeginn des Projekts im September 2006 und die geplanten Kosten nach dem Stand zum März 2019 bis zur Fertigstellung in der nachfolgenden *Tabelle 4* gegenübergestellt.

	geplant	bis zur Eröffnung 2020	Abweichung
Gesamtkosten	2 Mrd. €	Ca. 6,5 Mrd. €	4,5 Mrd € (125%)
Fertigstellungstermin	Oktober 2011	Oktober 2020	9 Jahre

Tabelle 4: Aktuelle Soll-Ist-Abweichung des BER zum März 2019
Quelle: eigene Darstellung

Nach aktuellen Informationen werden die Kosten bis zur Eröffnung rund 6,5 Mrd. Euro betragen.[43] Das entspricht 225% der ursprünglich geplanten Kosten, mit einer Zeitverzögerung von 9 Jahren zwischen dem ersten geplanten Eröffnungstermin und dem aktuell angegebenen Termin im Oktober 2020. Bis zur Eröffnung soll laut dem aktuellen Geschäftsbericht (2017) der FBB keine weitere Finanzierungsmaßnahme nötig sein.[44] Jedoch werden nach der Fertigstellung des BER durch die Gesellschaft weitere Kosten in Höhe von 770 Mio. Euro erwartet.

---

[39] Vgl. FBB GmbH. Sachstandsbericht BER (Stand: 19.12.2014, S. 2)
[40] Dies und das Folgende vgl. Zeit Online, Artikel: BER-Firma Imtech ist pleite (2015, online)
[41] Dies und das Folgende vgl. FBB GmbH. Sachstandsbericht BER (Stand: 20.02.2017, S. 3)
[42] Vgl. FBB GmbH. Geschäftsbericht (2017, S. 28)
[43] Vgl. Der Tagesspiegel, Artikel: Finanzierung des Hauptstadtflughafens (2018, online)
[44] Dies und das Folgende vgl. FBB GmbH. Geschäftsbericht (2017, S. 30)

Der Blick auf die Geschichte des BER-Projektes zeigt eine lange und undurchsichtige Konstruktion von unterschiedlichen Problematiken auf. Zur Aufklärung des Sachverhalts rund um den Bau des Berliner Flughafens wurden mehrere Untersuchungsausschüsse durch die Landtage in Berlin und Brandenburg berufen. Ebenso finden sich unzählige Gutachten, Berichte und Zeugenaussagen über detaillierte Aspekte, wie z. B. die technischen Mängel der Brandschutzanlage, den Lärmschutz, Planungsdefizite und vieles mehr. Neben den bereits erwähnten technischen und baulichen Mängeln berichtet das Abgeordnetenhaus Berlin von mehreren Vorstandsvorsitzenden und Geschäftsführern, die ihr Amt niederlegten.[45] Dies bedeutet eine wechselnde Besetzung von Verantwortlichen und Entscheidungsträgern. Auch Proteste der Bevölkerung gegen den Ausbau des Flughafens am Standort Schönefeld waren zu verzeichnen.[46]

Laut des Sachstandsberichts 2013 verursacht der Stillstand des Flughafenbetriebs jeden Monat Kosten in Höhe von 20 Mio. Euro *„[...] für die Baustelle und den Werterhaltungsbetrieb [...]"*[47]. Hauptsächlich zu nennen seien Kostentreiber wie *„[...] Energie, Reinigung, Bewachung und Instandhaltung des neuen Airports."*.[48] Zusätzliche 15 Mio. Euro fallen jeden Monat durch fehlende Erlöse aus dem Betrieb des BER und für den Betrieb der Flughäfen Schönefeld und Tegel an.[49] Letztere müssen durch die Verzögerungen am BER länger als geplant in voller Auslastung betrieben werden.

Zusammenfassend ist am Beispiel des Berliner Flughafens zu erkennen, dass eine Problemanalyse aus unterschiedlichen Perspektiven durchgeführt werden muss. Ob nun falsche Entscheidungen des Vorstands, fehlende oder mangelhafte Kommunikation zwischen Projektbeteiligten oder Planungsfehler zu Beginn des Projekts für die Kostensituation des BER verantwortlich sind, kann nicht genau geklärt werden. Vielmehr bedarf es einer ganzheitlichen Betrachtung aller zusammenhängenden Umstände, die das Projekt betreffen. In Kapitel 4 werden mögliche Fehlerquellen genauer beleuchtet und in Zusammenhang gebracht.

---

[45] Vgl. Abgeordnetenhaus Berlin. Bericht: Drucksache 17/3000 (2016, S. 412)
[46] Vgl. Berliner Zeitung, Artikel: Anti-Flughafen-Proteste (2017, online)
[47] FBB GmbH. Sachstandsbericht BER (Stand:19.06.2013, S. 6)
[48] Berliner Zeitung Online, Artikel: Flughafen BER Mehrkosten durch Stillstand sind geheim (2014, online)
[49] Dies und das Folgende vgl. FBB GmbH. Sachstandsbericht BER (Stand:19.06.2013, S. 6)

Um eine bessere Vergleichbarkeit zu erreichen, wird im folgenden Kapitel 3.3 ein weiteres Großprojekt vorgestellt: Die Elbphilharmonie in Hamburg.

3.3 Die Elbphilharmonie

Ein weiteres Beispiel zu kostenüberschreitenden öffentlichen Großprojekten in Deutschland bietet der Bau der Elbphilharmonie in Hamburg. Im Gegensatz zum Flughafen Berlin Brandenburg ist das Projekt bereits abgeschlossen und bietet endgültige Zahlen zur Analyse der Abweichungen. Der künstlerische und zugleich architektonisch anspruchsvolle Bau des Gebäudes ist ein weiterer Unterschied zum eher funktional ausgelegten Bau des Berliner Flughafens BER.[50] Die Elbphilharmonie soll nicht nur ein Konzerthaus darstellen, sondern die Besucher auch mit ihrer modernen und einzigartigen Architektur begeistern.[51] Der Grundgedanke des Architekten Alexander Gérard war, einen neuen öffentlichen Platz in einem alten und geschichtsträchtigen Stadtteil Hamburgs zu erschaffen, der nicht nur ein neues Wahrzeichen für die Stadt darstellt, sondern auch Kultur und Gesellschaft fördert.[52] Neben der Philharmonie beherbergt das Gebäude Wohnungen, Bars, Restaurants, kleinere Konzertsäle, sowie eine öffentlich zugängliche Aussichtsterrasse.

Im Oktober 2001 stellte der Architekt Alexander Gérard dem Hamburger Senat seine Vision vor: eine Konzerthalle am Standort des Kaispeichers A in Hamburg soll entstehen.[53] In seinem Auftrag entwarf das Architekturbüro Herzog & de Meuron den charakteristischen wellenförmigen Aufbau aus Glas. Nach einer Machbarkeitsüberprüfung durch die ReGe Hamburg Projekt-Realisierungsgesellschaft mbh (nachfolgend: ReGe) wurde das Projekt im Jahr 2005 bewilligt.[54] Die Prüfung ergab, dass das Projekt technisch, wirtschaftlich und rechtlich umsetzbar ist. Die ReGe war anfangs als Bauherr eingesetzt und mit der Ausschreibung zur Vergabe des Projekts betraut worden.[55] Die Ausschreibung begann im Februar 2005 im Rahmen eines europaweiten Verhandlungsverfahrens mit Teilnahmewettbewerb.

---

[50] Vgl. Focus Online, Artikel: Jetzt ist Hamburg stolz auf sein Baudesaster (2017, online)
[51] Dies und das Folgende vgl. Herzog & de Meuron, Projektbeschreibung (2017, S. 1 f.)
[53] Dies und das Folgende vgl. Handelsblatt, Artikel: Geheimsache Elbphilharmonie (2016, online)
[54] Dies und das Folgende vgl. Bürgerschaft der Freien und Hansestadt Hamburg, Haushaltsplan: Drucksache 18/2570 (2005, S. 3)
[55] Dies und das Folgende vgl. Bürgerschaft der Freien und Hansestadt Hamburg, Haushaltsplan: Drucksache 18/5526 (2006, S. 5 f.)

Das Projekt Elbphilharmonie soll über eine PPP-Finanzierung (Public-Private-Partnership, zu deutsch: öffentlich-private-Partnerschaft) erfolgen. Bis zur Eröffnung im Jahr 2010 sollten die Netto-Baukosten insgesamt 186,7 Mio. Euro betragen. Davon müssten 77 Mio. Euro aus öffentlichen Mitteln der Stadt Hamburg beigesteuert werden.[56] Die restlichen 109 Mio. Euro sollten laut PPP-Finanzierungskonzept durch private Investoren und Spenden aufgebracht werden.

Das einzige, endgültige Angebot im Rahmen des Vergabeverfahrens wurde von der Bietergemeinschaft IQ^2 abgegeben.[57] Sie boten eine Durchführung des Projekts für einen Pauschalpreis von 274 Mio. Euro. Das Bieterkonsortium setzte sich aus der CommerzLeasing und Immonbilien AG, sowie der Hochtief Construction AG zusammen. Ein Zuschlag wurde jedoch nicht erteilt, da das abgegebene Angebot als unwirtschaftlich eingestuft wurde. Durch Nachverhandlungen einigten sich die Beteiligten auf einen reduzierten Leistungsumfang für einen Auftragswert von 241,3 Mio. Euro. Der aus öffentlichen Geldern stammende Teil wurde zu diesem Zeitpunkt auf 142,3 Mio. Euro erhöht.[58] Die vereinbarten Änderungen sollten in das Konzept der Architekten eingearbeitet werden. Jedoch ergaben sich daraus gravierende Probleme, da die Anforderungen der Verträge teilweise unvereinbar und widersprüchlich waren. Im Februar 2007 wurde die Hamburg Bau GmbH & Co. KG (nachfolgend: Bau KG) gegründet und kurz darauf als Bauherr des Projekts eingesetzt.[59] Die ReGe ist Kommanditist und Geschäftsführer, die Freie und Hansestadt Hamburg ist als Komplementär beteiligt. Ebenso gründete die CommerzLeasing und Immobilien AG die Objektgesellschaft ADAMANTA Grundstücks-Vermietungsgesellschaft mbH & Co. Objekt Elbphilharmonie KG (Nachfolgend ADAMANTA).[60] Die Bau KG und ADAMANTA schlossen im März 2007 einen umfassenden Vertrag über die Errichtung der Elbphilharmonie. Die Hochtief wurde von ADAMANTA als Generalunternehmer für Bauleistungen beauftragt. Im April 2007 begannen die

---

[56] Dies und das Folgende vgl. Bürgerschaft der Freien und Hansestadt Hamburg, Haushaltsplan: Drucksache 18/5526 (2006, S. 1)
[57] Dies und das Folgende vgl. Bürgerschaft der Freien und Hansestadt Hamburg, Bericht: Drucksache 20/11500 (2014, S. 6)
[58] vgl. Bürgerschaft der Freien und Hansestadt Hamburg, Bericht: Drucksache 20/11500 (2014, S. 23)
[59] Dies und das Folgende vgl. Bürgerschaft der Freien und Hansestadt Hamburg, Bericht: Drucksache 20/11500 (2014, S. 8)
[60] Dies und das Folgende vgl. Bürgerschaft der Freien und Hansestadt Hamburg, Bericht: Drucksache 20/11500 (2014, S. 10 f.)

Baumaßnahmen am Kaispeicher A.[61] Die vertraglich vereinbarten Veränderungen der Planung im Rahmen des Vergabeverfahrens, führten schon zu Beginn zu Verzögerungen und Mehrkosten. Auf Seiten der Architekten wurde als Grund die mehrfache Anpassung der Planung an die neuen Anforderungen angegeben. Ebenso wurden Mehrkosten auf Seiten der ADAMANTA geltend gemacht, welche durch den erhöhten Zeitaufwand zur Umsetzung der Änderungen begründet wurden. Bereits im Juli 2007 wurde ein Verzug der Bauarbeiten von fünf Wochen verzeichnet.[62] Der Hamburger Senat berichtete von *„[...] den üblichen Anfangsschwierigkeiten" [...] und der notwendigen Integration der Planung des Generalplaners und Generalunternehmers Hochtief.".*[63]

ADAMANTA stellte nach Baubeginn mehrfach Nachtragsforderungen.[64] Diese wurden nach den Verhandlungen mit der ReGe/Bau KG in insgesamt **4 Nachträgen** schriftlich fixiert. Durch den **Nachtrag 1** im März 2007 wurden sechs Wochen Bauzeitverlängerung genehmigt. Im **Nachtrag 2**, der bereits im Oktober 2007 erfolgte, wurde über die Anpassung einzelner Terminplanungen verhandelt. Der Nachtrag 3 wurde zwar verhandelt, jedoch nicht abgeschlossen und hat somit keine weitere Bedeutung. Im November 2008 wurde schließlich im **Nachtrag 4** eine umfassende Einigung mit ADAMANTA erzielt.[65] Die Projektorganisation erhielt eine Mehrvergütung in Höhe von 137 Mio. Euro und eine Bauzeitverlängerung von 19 Monaten. Im Gegenzug sollen dafür alle in der Vergangenheit gestellten Forderungen der ADAMANTA beigelegt und die Terminplanung zukünftig eingehalten werden. Vereinbart wurde auch, dass die Fertigstellung und Übergabe bis zum 30. November 2011 erfolgen müsse. Mit den Vereinbarungen des Nachtrag 4 stiegen die Kosten für die öffentliche Hand auf 323 Mio. Euro. Im weiteren Verlauf des Baus wurde der Eröffnungstermin, ähnlich wie beim Bau des Berliner Flughafens, mehrfach

---

[61] Dies und das Folgende vgl. Bürgerschaft der Freien und Hansestadt Hamburg, Bericht: Drucksache 20/11500 (2014, S. 6 f.)
[62] Vgl. Bürgerschaft der Freien und Hansestadt Hamburg, Bericht: Drucksache18/6905 (2007, S.1)
[63] Bürgerschaft der Freien und Hansestadt Hamburg, Bericht: Drucksache18/6905 (2007, S.1)
[64] Dies und das Folgende vgl. Bürgerschaft der Freien und Hansestadt Hamburg, Bericht: Drucksache 19/8400 (2011, S. 22)
[65] Dies und das Folgenden vgl. Bürgerschaft der Freien und Hansestadt Hamburg, Bericht: Drucksache 19/1841 (2008, S. 3 ff.)

wegen unterschiedlichen Mängeln verschoben.[66] Die Vereinbarung aus dem Nachtrag 4 über den Eröffnungstermin Ende 2011 konnte wegen erneuten Bauverzögerungen nicht eingehalten werden. Der nächste Termin wurde für April 2014 angesetzt. Im Herbst 2011 stellte Hochtief die Bauarbeiten komplett ein. Der Grund dafür waren Gefahren, die mit dem Absenken des Dachs einhergingen. Es dauerte ein weiteres Jahr, bis dieses Problem schließlich gelöst und das Dach erfolgreich fertiggestellt wurde. Die Eröffnung wurde bis zum Herbst 2016 verschoben. Trotz der in Nachtrag 4 festgehaltenen Vereinbarungen traten weiterhin Unstimmigkeiten zwischen den Vertragsparteien auf.[67] Diese führten zu weiteren Verzögerungen und Problemen auf der Baustelle. Im Jahr 2013 wurde aus diesem Grund eine „Neuordnungsvereinbarung" getroffen. Dieser **Nachtrag 5** regelte hauptsächlich die eigenverantwortliche Fertigstellung des Projekts durch den Auftragnehmer ADAMANTA ohne Zutun des Auftraggebers Bau KG. Vereinbart wurde eine Termin- und Kostengarantie, sowie eine Neugestaltung der Projektorganisation und vollständige Transparenz. Die Haftung wurde mit diesem Vertrag uneingeschränkt auf den Auftragnehmer übertragen.

Im Oktober 2016 wurde die Elbphilharmonie der Stadt Hamburg übergeben und kurz darauf wurde sie am 11. Januar 2017 offiziell eröffnet. Am Tag der Übergabe waren noch 12.309 Mängel zu beseitigen.[68]

In *Tabelle 5* werden die Abweichungen zwischen dem Beginn und der Fertigstellung des Projekts übersichtlich dargestellt:

	geplant	tatsächlich	Abweichung
Gesamtkosten der öffentlichen Hand	77 Mio. €	789 Mio. €	712 Mio. € (1024%)
Fertigstellungstermin	Ende 2010	11. Januar 2017	Ca. 6,5 Jahre

Tabelle 5: Soll-Ist-Abweichung öffentlich getragener Kosten der Elbphilharmonie
Quelle: eigene Darstellung

---

[66] Dies und das Folgende vgl. Westfälische Nachrichten, Artikel: Etappen beim Bau der Elbphilharmonie (2017)
[67] Dies und das Folgende vgl. Behörde für Kultur und Medien Hamburg, Neuordnungsvereinbarung (2013, S. 2 ff.)
[68] Vgl. Bürgerschaft der Freien und Hansestadt Hamburg, Drucksache 21/9573 (2017, S. 1)

Die zu Beginn angesetzten Kosten für die öffentliche Hand von 77 Mio. Euro wurden auf das zehnfache erhöht. Letztendlich kostete die Elbphilharmonie 789 Mio. Euro. Die Bauzeit betrug statt drei Jahren nunmehr fast zehn Jahre.

Wie auch im Fall des Berliner Flughafens wurde für die Aufklärung der Problematiken im Bau der Elbphilharmonie ein parlamentarischer Untersuchungsausschuss berufen, um die Gründe für die zahlreichen Problematiken aufzuklären. Wie komplex diese Problemanalyse ist, zeigt der Umfang des zugehörigen Berichts aus dem Jahr 2014: die Drucksache 20/11500 umfasst 591 Seiten. Das folgende Kapitel 4 greift einige dieser, auf die beiden Beispiele bezogenen, Aspekte zur Problemanalyse auf und bietet zusätzlich allgemeine Erklärungsansätze für die Kostenüberschreitung öffentlicher Großprojekte in Deutschland.

4 Problemanalyse

In Kapitel 3 wurden die Dimensionen von Kostenüberschreitungen öffentlicher Großprojekte in Deutschland deutlich. Um diesen entgegenzuwirken oder vorzusorgen, ist eine Analyse der Ursachen notwendig. Wichtig ist dabei, dass nicht einzelne Aspekte isoliert ausschlaggebend für die Kostenentwicklung der Projekte sind. Vielmehr bedarf es einer ganzheitlichen Betrachtung unterschiedlicher Gesichtspunkte, die im Zusammenspiel zu Kostenüberschreitungen führen und sich gegenseitig beeinflussen.

Um zu verstehen, welche Gründe zu Kostenüberschreitungen führen ist es zielführend ebenfalls zu untersuchen, was eine reibungslose und erfolgreiche Projektarbeit ausmacht. Deshalb bietet es sich zu Beginn der Problemanalyse an, die Erfolgsfaktoren von Projekten zu definieren. Diese können wie folgt unterteilt werden:

Abbildung 5: Erfolgsfaktoren von Projekten
Quelle: eigene Darstellung in Anlehnung an Münninghoff (2016, S. 32)

Zu dem **Projektumfeld** gehören unbeteiligte Interessensgruppen, die jedoch Einfluss auf den Projektablauf nehmen können. Bspw. Anwohner im Umland eines Projekts oder Unternehmen, die später in einem Projekt-Gebäude ein Geschäft eröffnen möchten. Diese können sich für oder gegen die Realisierung eines Projekts aussprechen und dieses somit unterstützen oder behindern. Das **Projektteam** besteht aus der Projektleitung und Mitwirkenden, die zur Realisierung des Projekts beitragen. Die Projektleitung muss dabei nicht nur das **Projektmanagement**, sondern auch die **Führung** des Projektteams übernehmen.

Für eine erfolgreiche Durchführung eines Projekts ist es besonders wichtig, dass alle Stakeholder hinter der **Projektidee** stehen.[69] Wird die Projektidee intern oder extern nicht akzeptiert, kann dies zu Problematiken im späteren Projektverlauf führen. Z.B. führt mangelndes Interesse des Projektteams am Erreichen von Projektzielen dazu, dass zeitliche Ziele nicht eingehalten werden oder qualitative Mängel entstehen. Nur ein motiviertes Team bringt den nötigen Willen auf, einen Lösungsweg zum Erreichen der Projektziele zu finden. Im Beispiel des Berliner Flughafens protestierten Anwohner unter anderem gegen den Fluglärm und Nachtflüge.[70] Es ist entsprechend wichtig, auch diese externen Betroffenen für das Projekt zu gewinnen und Unklarheiten oder Diskrepanzen zu kommunizieren, um Lösungen zu finden, bevor mögliche Probleme eskalieren.

Eine offene und umfangreiche **Kommunikation** aller Stakeholder eines Projektes ist somit dringend nötig. Nicht nur die Kommunikation zu externen Stakeholdern, sondern auch die interne Kommunikation zwischen Projektbeteiligten spielt eine große Rolle. Hinzu kommt, dass die Kommunikation zwischen allen Stakeholdern effektiv und effizient erfolgen muss, um wichtige Informationen systematisch, transparent und gezielt weiterzugeben.[71] Dies bedeutet zum einen, dass regelmäßig zu bestimmten Zeitpunkten und über geeignete Kanäle kommuniziert werden muss. Zum anderen müssen die Informationen verständlich sein und der Wahrheit entsprechen. Auch ist es wichtig, die richtigen Informationen zu den richtigen Beteiligten zu tragen. Unnötige Informationsfluten hindern daran, das Wesentliche herauszulesen und effizient mit den Informationen arbeiten zu können.

Zuletzt wird durch die **Methodik** die passende Vorgehensweise zur Erreichung der Projektziele gewählt. Das Projektmanagement benötigt dafür eine Methodenkompetenz, um das Projektteam auf einem geeigneten Weg zum Ziel zu führen.

Schon jetzt wird deutlich, dass der Projekterfolg stark von den beteiligten Personen abhängt. Die Absichten, Interessen und Kompetenzen von Stakeholdern eines Projekts können den Projekterfolg somit entscheidend beeinflussen.

Mithilfe der genannten Erfolgsfaktoren eines Projekts, kann nun die Problemanalyse erfolgen. Einen groben Überblick über mögliche Fehlerquellen bietet die folgende *Abbildung 6*. Diese zeigt die Hauptgründe für Kostenüberschreitungen

---

[69] Dies und das folgende vgl. Münninghoff (2016, S. 32)
[70] vgl. Abgeordnetenhaus Berlin. Bericht: Drucksache 17/3000 (2016, S. 988)
[71] Dies und das Folgende vgl. Münninghoff (2016, S.35)

öffentlicher Großprojekte in Deutschland auf. Im Folgenden werden diese erläutert und mit den Beispielen aus Kapitel 3 verknüpft.

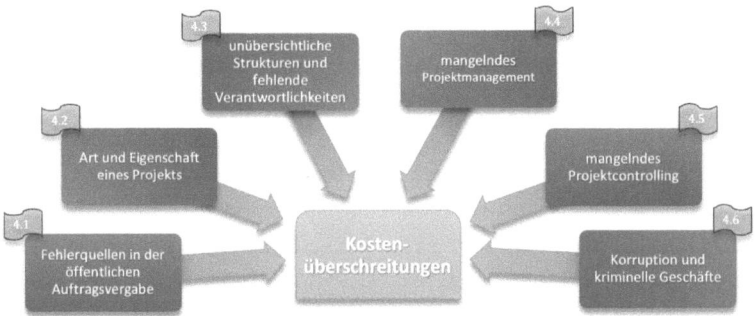

Abbildung 6: Hauptgründe für Kostenüberschreitungen öffentlicher Großprojekte in Deutschland
Quelle: eigene Darstellung

4.1 Vergabe öffentlicher Aufträge

Jedes öffentliche Projekt muss durch ein Vergabeverfahren öffentlich ausgeschrieben und vergeben werden. Zum Zeitpunkt der Ausschreibung können bereits die ersten Problematiken entstehen. In diesem Kapitel wird näher darauf eingegangen, wie sich die Schätzung des Auftragswerts zum Zeitpunkt der Ausschreibung und die Auswahl eines Auftragnehmers auf den späteren Kostenverlauf auswirken können.

Wird ein Projekt öffentlich ausgeschrieben, so ist dem Gesetz nach der Gesamtauftragswert zum Zeitpunkt der Ausschreibung realistisch zu schätzen und anzugeben. Mithilfe des geschätzten Werts werden dann die öffentlichen Haushaltsmittel und somit die finanzielle Umsetzbarkeit des Projekts geprüft. Ist der geschätzte Auftragswert also relativ hoch angesetzt, besteht die Möglichkeit, dass eine Projektgenehmigung an diesem scheitert. Dies ist darauf zurück zu führen, dass die Kosten in einem solchen Fall vorab als zu hoch oder unwirtschaftlich empfunden werden. Entsprechend liegt die These nahe, dass die Auftragswerte durch die Auftraggeber niedriger geschätzt werden, als sie für eine realistische Abbildung mit dem Einbezug von Risikofaktoren angesetzt werden müssten. Später zeigt sich folglich im Projektablauf ein Bild der falschen Planung und die Kostenüberschreitungen entstehen. Auch Bundeskanzlerin Merkel kritisierte dieses Vorgehen öffentlich und appellierte die „*richtigen Preise*" von Anfang an zu nennen.[72] Nicht nur absichtlich zu gering angegebene Plan-Kosten, sondern auch aus einem ehrlichen Optimismus heraus zu niedrig aufgestellte Kalkulationen führen früher oder später zu Kostenüberschreitungen.

Ein weiterer Grund für die falsch geschätzten Auftragswerte ist die unvollständige Planung der Projekte zum Zeitpunkt der Ausschreibung. Bei der Vergabe des Auftrags zur Elbphilharmonie war die Planung laut des parlamentarischen Untersuchungsausschusses noch unvollständig.[73] Die Kostenberechnung fand auf Basis einer Projektskizze statt, die noch von einer 50% geringeren Baufläche ausging, als später tatsächlich bebaut wurde. Durch eine lückenhafte Planung können weder endgültige Auftragswerte geschätzt werden noch passende bzw. realistische Angebote von Bietern eingehen. So wird sich zwangsweise im Projektablauf eine Abweichung der geplanten Kosten einstellen. Problematisch ist hier jedoch, dass die Projekte nicht zwingend umfassend geplant werden können. Je nach Neuartigkeit des Projekts ist zu Beginn noch gar nicht ins Detail bekannt, welche Komplikationen auftreten können.

Ebenso können die im Vergabeverfahren festgelegten Zuschlagskriterien aufgrund mangelnder Planung nicht wie gewünscht zur Auswahl des wirtschaftlichsten Angebots geeignet sein. Die Auswahl der auftragsbezogenen Zuschlagskriterien und deren Gewichtung liegt weitestgehend im Ermessen des Auftraggebers.[74] Ist die Projektplanung unvollständig, werden entweder wichtige Kriterien nicht berücksichtigt, da sie dem Auftraggeber selbst noch gar nicht bekannt sind, oder es werden Kriterien vorausgesetzt, die während des Projekts nicht sinnvoll oder nicht umsetzbar sind. Bspw. können wichtige technische Voraussetzungen nicht berücksichtigt werden, wenn die Planung die detaillierten technischen Komponenten eines Projekts noch nicht berücksichtigt. Auch führen preisliche Kriterien unter Umständen dazu, dass ein vermeintlich wirtschaftliches Angebot durch einen zu niedrig geschätzten Auftragswert für den genannten Preis nicht realisierbar ist. Dies führt wiederum zwangsweise zu Kostenüberschreitungen.

---

[72] Vgl. Zeit Online. Artikel: Merkel fordert mehr Ehrlichkeit bei Großprojekten (2010, online)
[73] Dies und das Folgende vgl. Bürgerschaft der Freien und Hansestadt Hamburg, Drucksache 20/11500 (2014, S. 29)
[74] Dies und das Folgende vgl. Leinemann (2016, 545)

Die Definition des wirtschaftlichsten Angebots steht an sich ebenfalls in der Kritik.[75] Auswahlkriterien wie Qualität oder Rentabilität bieten Spielraum für Interpretationen und sind zu unpräzise, um es Außenstehenden zu ermöglichen, die Bewertung einwandfrei nachzuvollziehen. Ist dies in einem Vergabeverfahren der Fall, könnten sich unterlegene Bieter benachteiligt fühlen und gegen den Zuschlag des Auftraggebers Klage einreichen. Ein solches Verfahren führt meist zu erheblichen zeitlichen Verzögerungen, die allen Beteiligten Kosten verursachen können. Ein Beispiel bietet hier der Berliner Flughafen: nicht nur, dass der Rechtsstreit zwischen Hochtief und IVG über Jahre hinweg das gesamte BER Projekt verzögert hat, so kam es schlussendlich dazu, dass das Vergabeverfahren widerrufen und das Projekt erneut und in anderer Form vergeben wurde. Eine Konsequenz aus den, auch auf den Rechtsstreit zurückzuführenden, fehlgeschlagenen Verhandlungen waren unter anderem Kosten in Höhe von 40 Mio. Euro für die Entschädigung des Bieterkonsortiums. Nach einem Urteil des Bundesgerichtshofs kann zudem derjenige Bieter, der trotz Klage des unterlegenen Bieters den Zuschlag erhält, Schadenersatz vom Auftraggeber fordern. Dies ist möglich, wenn die Verzögerung tatsächlich Schäden verursacht.[76] Z. B. können während der zeitlichen Verzögerung gestiegene Materialpreise auf den Auftraggeber übertragen werden.

Die vollständige und gewissenhafte Planung eines Projekts noch vor der Ausschreibung, sowie Problematiken im Ablauf der Vergabeverfahren spielen folglich eine enorme Rolle bei der Entstehung von Kostenüberschreitungen im weiteren Projektverlauf.

4.2 Art und Eigenschaften eines Projekts

Trotz der im Gesetz geforderten sorgfältigen Schätzung und des Grundsatzes der Transparenz, kann vor allem bei außergewöhnlichen oder neuartigen Projekten schwer eingeschätzt werden, wie hoch die Kosten im Endeffekt sein werden. Großbaustellen wie der Berliner Flughafen oder die Elbphilharmonie sind hochkomplex und selbst im Nachhinein kaum übersichtlich darzustellen.

In einem Sachstandsbericht erklärte die FBB GmbH, dass die Komplexität der gesetzlichen Vorschriften in Verbindung mit den Größenordnungen der Gebäude-

---

[75] Dies und das Folgende vgl. Noch (2016, 896)
[76] Dies und das Folgende Vgl. BGH v. 11.05.2009 - VII ZR 11/08

abschnitte auch die Umsetzbarkeit der Technik an ihre Grenzen bringt.[77] Problematiken mit der Technik führen zu Zeitverzögerungen im Bau durch bspw. notwendige Nacharbeiten und somit zu erhöhten Kosten. Geschuldet ist dieser Umstand im Falle des BER unter anderem der ständigen Planungsänderungen und Erweiterungen im Laufe des Projekts. Die Bruttogeschossfläche des Terminals im BER stieg z. B. von geplanten 220.000 m² auf 360.000 m² an. Z. B. musste aufgrund von Gesetzesänderungen zur Mitnahme von Getränken und anderen Flüssigkeiten im Handgepäck die Gestaltung der Sicherheitskontrollen umstrukturiert werden. Aufgrund der im Laufe der Jahre gestiegenen Fluggastzahlen musste die Planung zudem deutlich erweitert werden. Aufgrund dieser Entwicklung mussten die Fluggastbrücken um ein Stockwerk ausgebaut werden.

Im Falle der Elbphilharmonie zeigt sich ein ähnliches Bild. Die außergewöhnliche, einzigartige und architektonisch sehr anspruchsvolle Glaskonstruktion war ein zu Beginn unterschätzter Kostenfaktor. Niemand konnte wirklich voraussagen, welche Komplikationen das Absenken des Dachs verursachen und welche Kosten daraus entstehen würden. Solch umfangreiche Änderungen der Planung bzw. Komplikationen während des Baus sind bei Großprojekten keine Seltenheit, dennoch werden sie nicht in der anfänglichen Planung berücksichtigt.

Fehlende Erfahrungswerte und lückenhafte Planung führen vor allem bei neuartigen Großprojekten zu unpräzisen Schätzungen. Deutlich wurde dies auch in der Studie der Hertie School of Governance: IT Projekte (Sektor IKT) weisen eine deutlich erhöhte Kostenabweichung im Vergleich zu anderen Sektoren auf. Dies ist laut Aussage der Studie auf die Neuartigkeit der Projekte und den damit einhergehenden fehlenden Erfahrungswerten zurückzuführen.[78]

Hier wird klar, dass sowohl die Kosten wie auch der Umfang der Projekte zu Beginn der Planung für neuartige und zugleich sehr große Projekte nur schwer eingeschätzt werden können. Dies steht wiederum mit den in Kapitel 4.1 erläuterten Problematiken mit den geschätzten Auftragswerten in Verbindung. Die Verkettung der in Abbildung 6 aufgezeigten Gründe für Kostenüberschreitungen wird hier nochmal besonders deutlich: Die Größe und Komplexität eines Großprojektes führen zu einer ebenso komplexen Aufbau- wie auch Ablauforganisation. Dies

---

[77] Dies und das Folgende vgl. FBB GmbH, Sachstandsbericht BER (Stand: 11/2014, S. 4 ff.)
[78] Dies und das Folgende vgl. Hertie School of Governance, Fact sheet 1 (2015, 2)

bedeutet, dass die Strukturen im Projekt unübersichtlich werden. Welche Auswirkungen daraus folgen wird im folgenden Kapitel 4.3 erläutert.

4.3 Unübersichtliche Strukturen und fehlende Verantwortlichkeiten

Die Zahl beteiligter Instanzen ist hoch in einer Projektorganisation öffentlicher Großprojekte. Hunderte Beteiligte wirken beim Bau von Großprojekten mit und müssen organisiert, koordiniert, gesteuert und überwacht werden. Die Folge ist, dass die Strukturen unübersichtlich und Verantwortlichkeiten unklar sind.

Allgemein werden drei Bedeutungen des Begriffs Organisation unterschieden:[79]

- **Institutional:** ein Unternehmen ist eine Organisation
- **Instrumental:** ein Unternehmen hat eine Organisation
- **Funktional:** ein Unternehmen wird organisiert

Um herauszufinden wo mögliche Fehlerquellen liegen, ist es wichtig zu verstehen, wie Projektorganisationen instrumental aufgebaut sind und wie diese funktional agieren. Das bedeutet, dass die Beziehung der Projektteilnehmer untereinander und deren Verantwortungsbereiche, wie auch Aufgabengebiete untersucht werden müssen. Zu beachten gilt es jedoch, dass jedes Projekt und damit einhergehend auch jede Projektorganisation einzigartig ist. Dies erschwert die allgemeingültige Darstellung einer Projektstruktur.

Um die auftretenden Problematiken innerhalb einer Projektorganisation zu veranschaulichen, wird nachfolgend ein stark vereinfachtes Modell vorgestellt. Die *Abbildung 7* zeigt, wie eine Projektorganisation bei öffentlicher Auftragsvergabe aufgebaut sein kann. Dieses Modell wurde auf Basis des Beispiels der Elbphilharmonie erstellt.

---

[79] Dies und das Folgende vgl. Bergmann & Garrecht (2008, 2)

Problemanalyse

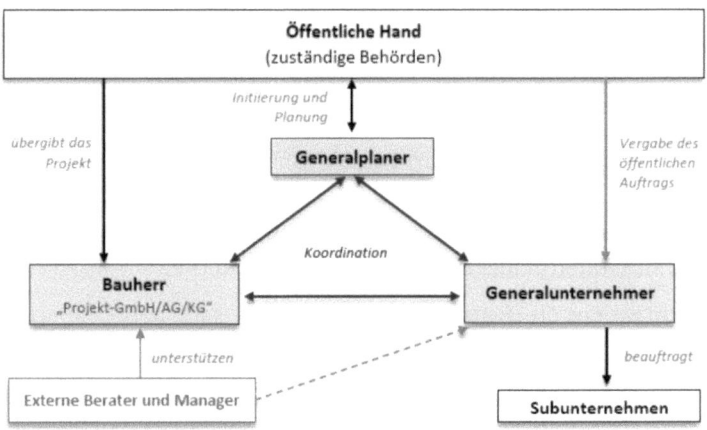

Abbildung 7: Modell einer Projektorganisation im öffentlichen Auftragswesen
Quelle: eigene Darstellung

Zu Beginn plant die **öffentliche Hand**, oft zusammen mit einem Initiator/**Generalplaner** bzw. Ideengeber das Projekt und überprüft dessen Machbarkeit. Im Fall der Elbphilharmonie fungierte das Architektenbüro Herzog & de Meuron gemeinsam dem Architektenbüro Höhler + Partner als Generalplaner. Nach der Ausschreibung des Projekts und einem erfolgreichen Vergabeverfahren wird der Zuschlag an einen **Generalunternehmer** erteilt, der die zeitliche, technische und wirtschaftliche Koordination aller (Bau-)Leistungen übernimmt.[80] STRABAG übernahm diese Rolle im Bau der Elbphilharmonie. In der Regel wird von der öffentlichen Hand ein **Bauherr** in Form eines eigenständigen Unternehmens eingesetzt. Dieser übernimmt die Aufgaben des Auftraggebers und ist zuständig für die Planung, Koordination, Steuerung und Kontrolle des Gesamtprojekts.[81] Im Beispiel wurde die Elbphilharmonie Bau GmbH & Co. KG Bauherr des Projekts, welche wiederum durch den Komplementär ReGe Hamburg Projekt-Realisierungsgesellschaft mbH als Geschäftsführung vertreten wurde. Die ReGe Hamburg ist eine Projektmanagementgesellschaft der Freien und Hansestadt Hamburg mit dem Geschäftszweck, anspruchsvolle Infrastrukturprojekte für die Stadt Hamburg zu realisieren.[82] Der von der öffentlichen Hand beauftragte Generalunternehmer steht mit dem Bau-

---

[80] Vgl. Schiller et. al., Webseite: Bauprofessor.de (2019, online)
[81] Vgl. Kalusche (2016, 54)
[82] Vgl. ReGe Hamburg (2019, online)

herrn in Verbindung. Diese schließen Verträge bzgl. des Gesamtprojektauftrags und sind somit Auftraggeber und Auftragnehmer in erster Instanz. Der Generalunternehmer beauftragt seinerseits zahlreiche **Subunternehmen** wie Baufirmen oder Dienstleister mit Einzelaufträgen zur Realisierung des Projekts. Dazu werden die Aufträge einzeln öffentlich ausgeschrieben und vergeben. Zu den bisher beschriebenen Hauptakteuren der Projektorganisation können noch **externe Berater** wie Rechtsanwälte, Fachspezialisten, Unternehmensberater oder Projektmanager hinzukommen, um die oft begrenzten personellen Mittel des Bauherrn zu verstärken.

Aufgrund der unfertigen Planung zum Zeitpunkt der Ausschreibung musste die Planungsleistung der Generalplaner im Beispiel der Elbphilharmonie gleichzeitig mit den Bauarbeiten fortgeführt werden. Da die Planung der Architekten durch die Leistungen des Generalunternehmers umgesetzt werden sollten, standen diese ständig miteinander in Kontakt.[83] Dabei bestand zwischen den beiden Instanzen jedoch keinerlei direkte vertragliche Verbindung. Eine Koordination zwischen der jeweils aktuellen Planung der Generalplaner, dem Projektmanagement des Bauherren, sowie der Umsetzung durch den Generalunternehmer war demzufolge eine komplexe Angelegenheit. Die verflochtenen Beziehungen zwischen Generalplaner, Bauherr und Generalunternehmer wird auch als Dreiecksverhältnis bezeichnet.

Deutlich wird, wie komplex der Aufbau von Projektorganisationen und die Beziehung der Instanzen untereinander sein kann. Der Aufwand alle Projektbeteiligten effektiv, wie auch effizient zu koordinieren ist enorm hoch. Je größer das Projekt, desto mehr Stakeholder sind daran beteiligt. Umso komplizierter wird es, klare Verantwortlichkeiten zu schaffen und Aufgaben gezielt zu vergeben. Im Falle des BER berichtete das Abgeordnetenhaus Berlin von einem *„Verantwortungsvakuum"*.[84] Die komplexe Struktur des Projekts wurde von Beteiligten dazu genutzt, sich aus der Verantwortung zu ziehen und auf andere Projektteilnehmer abzuwälzen.

Die Anzahl benötigten Personals steigt mit der Größe und Komplexität des Projekts. Geeignetes Fachpersonal in diesem Ausmaß für ein Großprojekt selbst zu

---

[83] Dies und das Folgende vgl. Bürgerschaft der Freien und Hansestadt Hamburg, Bericht: Drucksache 20/11500 (2014, S. 113 f.)

[84] Dies und das Folgende vgl. Abgeordnetenhaus Berlin. Bericht: Drucksache 17/3000 (2016, S. 405)

stellen gestaltet sich für einen Bauherren schwierig.[85] Externe Berater werden demnach in den meisten Fällen benötigt. Die Integration weiterer Beteiligter in die Projektorganisation erhöht den Koordinations- und Kommunikationsaufwand wiederum erneut. In solchen Strukturen den Überblick zu behalten ist für den Bauherren eine gewaltige Aufgabe, die die Verantwortlichen leicht überfordern kann.[86] Hierbei entspringen Problematiken wie mangelndes Projektmanagement und mangelndes Projektcontrolling, die in den folgenden Kapiteln genauer untersucht werden.

4.4 Mangelndes Projektmanagement

Ein effektives, wie auch effizientes Projektmanagement hat eine große Bedeutung für den reibungslosen und planmäßigen Ablauf von Projekten. Dies gilt nicht nur für öffentliche Großprojekte, sondern für alle Arten von Projekten. Um zu zeigen, welche Probleme im Projektmanagement zu Kostenüberschreitungen führen können, wird eine kurze Einführung in die Thematik gegeben:

Das Projektmanagement umfass alle Maßnahmen, die zur

- Planung,
- Überwachung,
- Koordinierung
- und Steuerung

eines Projekts nötig sind.[87] Diese sind gleichermaßen wichtig für ein erfolgreiches Projektmanagement. Obwohl der Bauherr eigentlich für das Projektmanagement zuständig ist, wurden die o.g. Aufgaben von Bauherr, Generalplaner und Generalunternehmer im Beispiel der Elbphilharmonie in einem Dreiecksverhältnis wahrgenommen. Das Hauptproblem ist dabei, den Informationsfluss zwischen allen drei Parteien stetig zu koordinieren.

Zu Beginn des Kapitel 4 wurde bereits klar, dass die beteiligten Personen großen Einfluss auf den Erfolg eines Projekts haben. Entsprechend wichtig ist auch das

---

[85] Dies und das Folgende Bürgerschaft der Freien und Hansestadt Hamburg, Bericht: Drucksache 20/11500 (2014, S. 354)
[86] Vgl. FBB GmbH Sachstandsbericht (Stand: 11/2014, S. 2)
[87] Dies und das Folgende vgl. Kuster et. al. (2019, S. 12)

Augenmerk auf die Rollen und Aufgaben von Projektteilnehmern im Rahmen des Projektmanagement. Es kann in einem Projekt zwischen

- dem Auftraggeber,
- dem Lenkungsausschuss,
- der (Gesamt-)Projektleitung,
- den Teilprojektleitungen,
- und den Projektmitarbeitern

differenziert werden.[88]

Der **Auftraggeber** fungiert in erster Linie als oberste Eskalationsinstanz und definiert zusammen mit dem Auftragnehmer die Projektziele und Rahmenbedingungen.[89] Vertreter des Auftraggebers und Auftragnehmers bilden einen **Lenkungsausschuss**, welcher ein übergeordnetes Lenkungs- und Entscheidungsgremium darstellt.

Die **Projektleitung** hat ein umfangreiches Aufgabenspektrum.[90] Sie ist zuständig für die Zieldefinition in Absprache mit dem Auftraggeber, die Planung und Planungsfreigabe, sowie der Delegation von Aufgaben an das Projektteam. Auch die Kontrolle des Projektfortschritts, und die Steuerung des Projekts fallen unter ihre Verantwortung. Dabei muss die Projektleitung vielseitige Kompetenzen aufweisen.[91] Neben der persönlichen Kompetenz, werden Sozial-, Fach- und Methodenkompetenz vorausgesetzt.[92] In Großprojekten ist es aufgrund der Größe und Komplexität üblich, das Gesamtprojekt in Teilprojekte zu unterteilen und **Teilprojektleiter** einzusetzen.[93] Somit ist die Gesamtprojektleitung zuständig für die Gesamtprojektplanung und Kommunikation mit den Teilprojektleitern, sowie deren Koordination und Überwachung. Die Anforderungen an Teilprojektleiter sind dabei ähnlich wie bei der Gesamtprojektleitung.[94] Sie übernehmen die Mitarbeiterführung eines Projektteams, wie auch die Planung, Koordination und Kontrolle des

---

[88] Vgl. Timinger (2017, S. 35)
[89] Dies und das Folgende vgl. Timinger (2017, S. 34)
[90] Dies und das Folgende vgl. Drews (2016, S. 117 f.)
[91] Dies und das Folgende vgl. Münninghoff (2016, S. 61)
[92] Siehe Tabelle 6, S. 37
[93] Dies und das Folgende vgl. Bergmann & Garrecht (2008, S. 217)
[94] Dies und das Folgende vgl. Münninghoff (2016, S. 62)

Teilprojekts. Dabei weisen Teilprojektleiter ein vertieftes Fachwissen auf gegenüber der Gesamtprojektleitung auf.

Mit der eigentlichen Durchführung des Projekts werden die **Projektmitarbeiter** betraut.[95] Sie sind zuständig für die Ausführung der ihnen zugeteilten Arbeiten und der eigenständigen Kommunikation untereinander, sowie mit der jeweiligen Teilprojektleitung. Ein Projektmitarbeiter muss vor allem fachlich qualifiziert sein, um die ihm übertragenen Aufgaben fachgerecht und in der gewünschten Qualität und Quantität ausführen zu können.

Folgende *Tabelle 6* zeigt, wie umfangreich die Kompetenzfelder der Gesamt- sowie Teilprojektleitungen sind.

Persönliche Kompetenz	Fachkompetenz
Selbstreflektion Lernbereitschaft Belastbarkeit Dynamik und Eigeninitiative Durchsetzungsfähigkeit etc.	Berufserfahrung im Projektmanagement, sowie im Fachgebiet des Projekts Fachwissen durch Studium/Ausbildung/Berufserfahrung Beurteilungsfähigkeit der nötigen Kompetenzen des Projektteams etc.
Sozialkompetenz	**Methodenkompetenz**
Einfühlungsvermögen Kommunikationsfähigkeit Führungsqualitäten Umgang mit Konflikten etc.	Zeitmanagement Methoden zur Entscheidungsfindung, Planung, Steuerung und Kontrolle Präsentationstechniken Führungstechniken etc.

Tabelle 6: Kompetenzfelder einer Projektleitung
Quelle: eigene Darstellung in Anlehnung an Münninghoff (2016, S. 61)

Hier zeigt sich, dass eine Gesamtprojekt- wie auch Teilprojektleitung vielseitig sein und eine gewisse Erfahrung mitbringen muss. Um ein Projekt zum Erfolg zu führen ist es entscheidend geeignete Führungskräfte einzusetzen. Nur Personen mit den o.g. Kompetenzen können komplexe Großprojekte leiten. Insbesondere ist die Qualität der Mitarbeiterführung in den Teilprojekten entscheidend für die Zufriedenheit der Projektmitarbeiter. Sind Projektmitarbeiter unzufrieden oder entstehen Konflikte in den Projektteams, wirkt sich dies unter anderem negativ auf die

---

[95] Dies und das Folgende vgl. Timinger (2017, S. 35)

Qualität der Arbeit einzelner Projektmitarbeiter aus. Auch Probleme im Kleinen können in der Summe zu nennenswerten Mehrkosten führen.

Die Aufgaben des Projektmanagement strecken sich über den gesamten Projektverlauf. Dieser lässt sich durch den Projektlebenszyklus definieren. Nach der DIN 69901-2:2009-1 wird der Projektlebenszyklus in fünf Phasen eingeteilt:

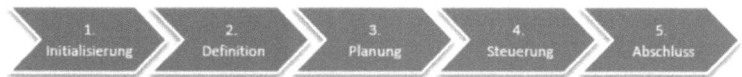

Abbildung 8: Die fünf Phasen des Projektlebenszyklus
Quelle: eigene Darstellung

Währen der **Initialisierungsphase (1)** wir die Projektidee mithilfe von Projektmerkmalen und den Wünschen des Auftraggebers auf Wirtschaftlichkeit und Realisierbarkeit geprüft.[96] In der **Definitionsphase (2)** werden anschließend die Projektziele definiert, der Projektauftrag erstellt, sowie eine Risiko- und Chancenanalyse durchgeführt. Auch werden zu diesem Zeitpunkt die Rollen und Aufgaben von Projektbeteiligten festgelegt, sowie Eskalationswege definiert. Ebenfalls erfolgt zu diesem Zeitpunkt eine Projektumfeld-Analyse, um externe Stakeholder zu identifizieren. Bei der **Planung (3)** wird das Projekt strukturiert, Meilensteine festgelegt, der Ressourcenbedarf ermittelt und der Projektablauf festgelegt. Eine erste Schätzung des Aufwands erfolgt und Projektkosten werden geplant. Auf Basis der geplanten Daten wird die Finanzierung des Projektes sichergestellt. Zur Realisierung bedarf es anschließend der **Steuerung (4)** durch das Projektmanagement. In dieser Phase werden Projektdaten erfasst und Soll-Ist-Abweichungen analysiert. Treten Abweichungen auf, müssen Gegenmaßnahmen entwickelt und eingeleitet werden. Dies kann nur passieren, wenn die Projektbeteiligten regelmäßig kommunizieren und ein geordnetes Berichtswesen geführt wird. Auch das Änderungs-und Konfliktmanagement sind Bestandteil der Projektmanagementaufgaben in der Steuerungsphase. Ist das Projekt fertiggestellt, werden in der **Abschlussphase (5)** die Projektdaten ausgewertet und ein Abschlussbericht verfasst.

In den Phasen 1 bis 4 können zahlreiche und unterschiedliche Problematiken entstehen, die letztendlich zu Zeit- und Kostenüberschreitungen führen. Dies wird vor allem deutlich, wenn die zu Beginn des Kapitel 4 erläuterten Erfolgsfaktoren mit dem Phasenmodell verbunden werden. So kann bspw. durch ein in Phase 1 und 2

---

[96] Dies und das Folgende vgl. Drews et. al. (2016, S. 23 f.)

unrealistisches definiertes Ziel zu falscher Planung in Phase 3 und wiederum zu nötigen Anpassungen in Phase 4 führen. Auch bei einer absolut perfekten Aufstellung des Projektteams und einer makellosen Planung sind Probleme in der Steuerungsphase nicht auszuschließen.

Wo immer Menschen miteinander arbeiten, können Konflikte auftreten, die sich auf das gesamte Projekt auswirken können. Im Fall des Berliner Flughafens kann hier der Machtkampf zwischen dem technischen Geschäftsführer Dr. Manfred Krötgen und dem Sprecher der Geschäftsführung Prof. Dr. Rainer Schwarz aufgeführt werden.[97] Ihr Verhältnis zueinander war aggressiv, statt kollegial und sie versuchten jeweils dem anderen die Schuld für die Entwicklung des Projekts zuzuschieben. Dieser Streit reichte so weit, dass absichtlich Fehlinformationen weitergegeben und auftretende Probleme im Projektverlauf von der Geschäftsführung ignoriert wurden. Dies bedeutet, dass ein nötiges Änderungs- und Krisenmanagement nicht im erforderlichen Umfang erfolgte. Sie sind somit ihrer Rolle als Projektsteuerer aufgrund fehlender persönlicher und sozialer Kompetenz nicht nachgekommen. Die Folge dieses Fehlverhaltens war schlussendlich, dass beide aus der Geschäftsführung abberufen wurden und das Projekt neu strukturiert werden musste.[98] Eine Neustrukturierung bzw. ein Personalwechsel in der Lenkungs- und Führungsebene hat zwar den Vorteil, die ‚ungeeigneten' Personen aus dem Projekt zu entfernen, jedoch bringt dies auch Probleme mit sich. Da es nur zu einem solchen Wechsel kommt, wenn bereits zahlreiche Probleme im Projekt aufgetreten sind und sich das Projekt höchstwahrscheinlich bereits in der Durchführungs- bzw. Steuerungsphase befindet, wird es für neues Personal schwierig, sich einen umfassenden Überblick zu verschaffen. Die Lenkungs- und Führungsaufgaben können erst übernommen werden, wenn die neuen Führungskräfte eingearbeitet wurden. In Großprojekten kann dies durchaus einige Zeit in Anspruch nehmen.

Ähnliche Ansätze zu Problemen im Projektmanagement wurden in einer Studie im Jahr 2008 veröffentlicht. Die GPM (Deutsche Gesellschaft für Projektmanagement e.V.) und die PA Consulting Group untersuchten in Zusammenarbeit mit 97 Unternehmen verschiedener Branchen Gründe für erfolgreiche und gescheiterte Projekte.

---

[97] Dies und das Folgende vgl. Abgeordnetenhaus Berlin. Bericht: Drucksache 17/3000 (2016, S. 404 und 248)
[98] vgl. Abgeordnetenhaus Berlin. Bericht: Drucksache 17/3000 (2016, S. 404 und 346 f.)

Die Studie ergab, dass vor allem

- schlechte Kommunikation,
- der Mangel an qualifizierten Mitarbeitern/Führungskräften
- und unklare Anforderungen und Ziele

bei gescheiterten Projekten zu beobachten waren.[99] Des Weiteren wurden den Faktoren Politik, Bereichsegoismen und interne Kompetenzstreitigkeiten als Erklärung für das Scheitern von Projekten große Bedeutung zugesprochen. Doch auch fehlende Projektmanagement-Methodik, sowie technisch zu hohe Anforderungen sind Gründe für scheiternde Projekte.

Sicher ist, dass die richtige Planung und Vorbereitung eines Projekts eine große Rolle für den erfolgreichen und planmäßigen Abschluss eines Projekts spielen. Entsprechend gehört auch ein integriertes Risikomanagement zu den nötigen Vorbereitungsmaßnahmen. Werden mögliche Projektrisiken nicht erkannt und nicht eingeplant, können im Projektverlauf unerwartete Komplikationen auftreten. Unvorbereitet auf Probleme reagieren zu müssen, benötigt Zeit und Ressourcen, die dann zu Kostenüberschreitungen führen. Probleme und Abweichungen im Projektverlauf können nur erkannt werden, wenn ein akkurates Projektcontrolling betrieben wird. Kapitel 4.5 geht genauer auf dieses Thema ein.

Es zeigt sich, dass Probleme im Projektmanagement sehr vielseitig auftreten können. Entsprechend kann in dieser Arbeit nicht auf jedes einzelne eingegangen werden. Wichtig ist jedoch zu erkennen, dass die Problematiken miteinander verknüpft sind und schon vermeintliche Kleinigkeiten, wie der Streit zweier Männer in der Lenkungsebene, zu ungeahnten Folgen führen können. Es ist demnach zielführend eine Problemanalyse in der Lenkungs- und Führungsebene anzusetzen. Um zu verdeutlichen, wie sich Probleme allgemein im Projektverlauf auf die Kosten auswirken, wird anhand des Phasenmodells die Entwicklung der Kosten im Projektverlauf graphisch dargestellt. Folgende *Abbildung 9* veranschaulicht den eingesetzten Aufwand und die entstehenden Kosten im Zeitablauf der Projektphasen. Da die Initialisierung nur einen kleinen Teil des Projektablaufs einnimmt, werden die ersten beiden Phasen in der Abbildung zur besseren Übersichtlichkeit zusammengefasst.

---

[99] Dies und das Folgende vgl. Engel et. al., Studie: Erfolg und Scheitern im Projektmanagement (2008, S. 8)

Problemanalyse

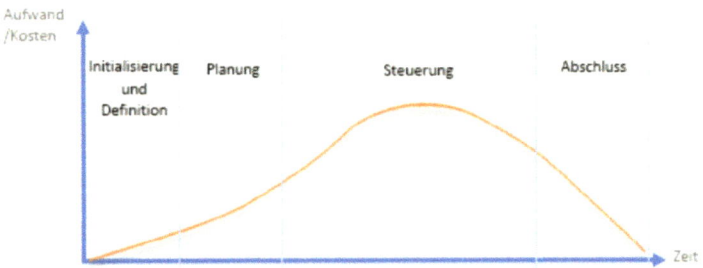

Abbildung 9: Kostenverlauf im Phasenmodell des Projektlebenszyklus
Quelle: eigene Darstellung in Anlehnung an Timinger (2017, S. 20)

In der Betrachtung des Graphen wird deutlich, dass die meisten Kosten in der Steuerungsphase entstehen. Dies ist eine ganz natürliche Entwicklung im Projektablauf, da die Durchführung eines Projekts viele Ressourcen benötigt. Das Modell beschreibt jedoch einen Projektablauf nach Plan. Treten Abweichungen auf, steigen Aufwand und Kosten in der Steuerungs- und Abschlussphase deutlich an. Ebenso erhöht sich die benötigte Gesamtzeit und die Länge der Steuerungsphase. Probleme, die z. B. aufgrund fehlerhafter Zieldefinition oder mangelhafter Planung in den Phasen 1 & 2 auftreten, müssen durch hohen Aufwand in der Steuerungsphase korrigiert und in der Abschlussphase ausgewertet werden. Die folgende *Abbildung 10* veranschaulicht diese Entwicklung graphisch auf Basis der Abbildung 9.

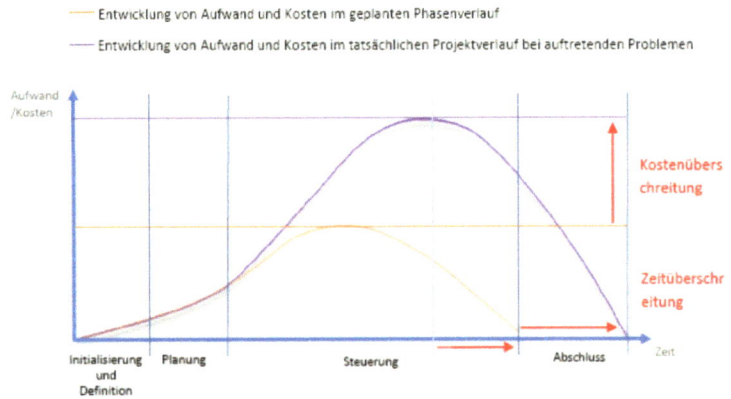

Abbildung 10: Kostenentwicklung im Projektlebenszyklus bei mangelhafter Planung
Quelle: eigene Darstellug

4.5 Mangelndes Projektcontrolling

Das Projektcontrolling umfasst Maßnahmen zur Unterstützung des Projektmanagement in der Planung, Kontrolle, und Steuerung.[100] Die Informationsbeschaffung, Auswertung und Darstellung von projektbezogenen Informationen sind Hauptaufgaben eines Projektcontrollers. Dabei fungiert der Controller nicht als wörtlich übersetzter Kontrolleur, sondern als Steuermann und Berater, der Fehlentwicklungen im Projekt frühzeitig erkennt und dem Management Handlungsempfehlungen ausspricht. Die Entscheidungsgewalt liegt nicht beim Controller, sondern im oberen Management bzw. beim Lenkungsausschuss und beim Auftraggeber. Nur durch ausreichende und aussagekräftige Informationen aus dem Projektverlauf können Projektleiter/ -manager Entscheidungen zum weiteren Vorgehen treffen. Sind keine Informationen vorhanden, kann keine Steuerung erfolgen. Dies zeigt, wie wichtig ein kontinuierliches Projektcontrolling ist.

Im Beispiel der Elbphilharmonie war die ReGe Hamburg zugleich mit dem Projektmanagement, als auch dem Projektcontrolling betraut.[101] Aus dem Bericht des Untersuchungsausschusses zum Fall Elbphilharmonie wird deutlich, dass ein strukturiertes und umfangreiches Projektcontrolling nicht stattfand. Die Rede war von einem Kostencontrolling, welches in Form einer Liste durchgeführt wurde. Probleme wurden unstrukturiert von verschiedenen Beteiligten an das Projektmanagement herangetragen. Diese mussten dann zusätzlich zu den gängigen Managementaufgaben die Aufbereitung und Analyse der Daten übernehmen. Wichtige Informationen standen so nicht in geeigneter Form zur Verfügung. Herr von Beust, der ehemalige Oberbürgermeister der Stadt Hamburg, räumte in einer Vernehmung ein, dass es ein Fehler gewesen ist, kein externes und kontinuierliches Controlling als eigene Instanz der Projektorganisation einzurichten. Dies war einer der Gründe, die zu Kostenüberschreitungen führten. Das Projektmanagement war aufgrund des fehlenden Informationsflusses nicht in der Lage, geeignete Steuerungsmaßnahmen für das Projekt zu entwickeln und durchzusetzen.

Mangelndes Projektcontrolling führt somit zur Minderversorgung des Management mit Informationen, die für Entscheidungen zwingend nötig sind. Eine

---

[100] Zirkler et. al. (2019, S. 24)
[101] Dies und das Folgende vgl. Bürgerschaft der Freien und Hansestadt Hamburg, Bericht: Drucksache 20/11500 (2014, S. 399, 421 und 463)

zielgerichtete Steuerung im Projektablauf ist für die Lenkungsebene so nicht durchzuführen.

4.6 Korruption und kriminelle Geschäfte

Die menschliche Psychologie ist eine Wissenschaft für sich. Der theoretische Hintergrund des menschlichen Handelns kann aufgrund des enormen Umfangs nicht in dieser Arbeit aufgeführt werden. Doch ist es unumgänglich sprichwörtlich einen Blick in die Köpfe von Projektbeteiligten zu werfen, um deren Verhaltensweisen zu erklären. Bereits zu Beginn des Kapitel 4 wurde deutlich, dass die im Projekt beteiligten Personen einen entscheidenden Erfolgsfaktor für ein Projekt darstellen. Entsprechend wichtig ist es, deren Persönlichkeit, Motivationen, Gedanken und Verhaltensweisen zu untersuchen. Jeder Mensch denkt, fühlt und handelt individuell.

Ein bekanntes Sprichwort lautet: *jeder ist sich selbst der Nächste.* Gemeint ist damit egoistisches Verhalten von Menschen, welches unter sozialen Gesichtspunkten negativ zu bewerten ist. Das bedeutet, dass sich ein Mensch bewusst für eine Handlung entscheidet, die ihm selbst etwas Positives verspricht, mit dem Wissen, dass dies für andere negative Auswirkungen hat. Durch ein solches Verhalten von Projektbeteiligten entstehen unter Umständen in Projekten Situationen, die zu erhöhten Kosten für die Auftraggeber führen, jedoch Projektbeteiligten mehr Profit einbringen.

Im Fall des BER wurden insgesamt 12 Ermittlungsverfahren wegen Korruption, Betrug bei Abrechnungen, Nachträgen und Vergabeabsprachen geführt.[102] Unter anderem wurden durch die Firma Imtech Schmiergelder in Höhe von 150.000 Euro an einen damaligen Prokuristen der FBB gezahlt.[103] Dieser hatte im Gegenzug Nachtragsforderungen der Imtech in Millionenhöhe ohne explizite Prüfung überweisen lassen.

Durch egoistisches Fehlverhalten Einzelner kommt es zu Kosten, die weder geplant noch tatsächlich durch das Projekt selbst verursacht worden sind. Dies trägt also zu Kostenüberschreitungen öffentlicher Großprojekte bei.

---

[102] vgl. Abgeordnetenhaus Berlin. Bericht: Drucksache 17/3000 (2016, S. 23)
[103] Dies und das Folgende vgl. n-tv, Artikel: Urteil im Korruptionsprozess (2016, online)

Schon heute werden Maßnahmen durch die öffentliche Hand ergriffen, um den Kostenproblematiken öffentlicher Großprojekte entgegenzuwirken. Diese werden im folgenden Kapitel erläutert. Außerdem werden weitere Lösungsvorschläge angeboten.

5 Lösungsvorschläge

Da nun die Hauptgründe für Kostenüberschreitungen öffentlicher Großprojekte in Deutschland erläutert wurden, können anhand dieser Informationen Lösungsvorschläge unterbreitet werden. Die öffentliche Hand hat in den vergangenen Jahren bereits einige Maßnahmen ergriffen, um die Probleme der Kostenüberschreitungen öffentlicher Großprojekte zu lösen. Es wurde unter anderem eine Reformkommission berufen, um Probleme zu analysieren und Lösungsvorschläge zu erarbeiten. Des Weiteren wurden für einzelne Projekte Untersuchungsausschüsse berufen, um die Gründe für Kostenüberschreitungen zu analysieren und darüber Bericht zu erstatten. Auch die Elbphilharmonie und der Berliner Flughafen wurden auf diesem Wege von allen Seiten beleuchtet. Die folgenden Abschnitte fassen einige dieser Lösungsvorschläge zusammen und bieten einen ersten Ansatz, um den in Kapitel 4 dargestellten Problemen entgegenzuwirken.

5.1 Der 10-Punkte-Plan der Reformkommission Bau von Großprojekten

Die im Jahr 2013 berufene **Reformkommission** untersuchte offiziell im Auftrag des Bundesministerium für Verkehr, Bau und Stadtentwicklung Gründe für Kostenüberschreitungen im Bau öffentlicher Großprojekte.[104] Das 36 Mann starke Expertenteam entwickelte einen *10-Punkte-Plan* mit expliziten Handlungsempfehlungen, die Kostenüberschreitungen künftig vermeiden bzw. einschränken sollen. Dieser wird in den folgenden Abschnitten auf der Basis des vorliegenden Endberichts zusammengefasst vorgestellt und durch eigene Schlussfolgerungen ergänzt.

Noch vor Beginn der Planung soll der Projektbedarf durch *(1.) kooperatives Planen im Team* genau analysiert und definiert werden. Dies erfordert eine enge Zusammenarbeit des Bauherren mit Projektnutzern und bauausführenden Unternehmen. Eine exakte Definition der Projektanforderungen und -zielen zu Beginn wirkt späteren Anforderungsänderungen frühzeitig entgegen und erleichtert die Planung des Projekts.

Der Bau, somit auch die Vergabe des öffentlichen Auftrags, sollen erst beginnen, nachdem eine vollständige Planung unter detaillierter Angabe von Kosten, Risiken und dem zeitlichen Ablauf des Projekts erstellt wurde. Die Reformkommission stellt diesen Aspekt unter das Motto „*(2.) erst planen, dann bauen*".

---

[104] Dies und das Folgende vgl. BMVI, Reformkommission Bau von Großprojekten (2015, S. 7 bis 10)

Ein umfangreiches und verbindliches *(3.) Risikomanagement und* die *Erfassung von Risiken im Haushalt* sind zwingend von Beginn an notwendig. Das Risikomanagement soll über den gesamten Projektverlauf lückenlos fortgeführt werden. Das bedeutet, mögliche Risiken eines Projekts frühzeitig zu kategorisieren und einzuschätzen, sowie laufend zu aktualisieren und anzupassen. Die Eintrittswahrscheinlichkeiten und mögliche Folgen müssen nachvollziehbar dokumentiert und in die Kostenberechnung miteinbezogen werden. Außerdem gibt die Reformkommission die Empfehlung, eine Aufführung von Risiken zur Genehmigung öffentlicher Haushaltsmittel zukünftig vorauszusetzen.

Den in dem Bericht der Reformkommission aufgeführten Punkt **(4.) Vergabe an den Wirtschaftlichsten, nicht den Billigsten** wurde durch die Vergaberechtsmodernisierungsreform im Jahr 2016 bereits in das Vergaberecht implementiert. Die Vergabe erfolgt demnach durch die Bewertung unterschiedlicher Zuschlagskriterien (siehe Kapitel 2.2).

Eine von Beginn an *(5.) partnerschaftliche Projektzusammenarbeit* zwischen allen Projektbeteiligten der Leitungsebene soll ein Teamgefühl bewirken. Dies führt dazu, dass sich eine regelmäßige Kommunikation entwickelt und somit alle über dieselben Informationen verfügen. Auch ein Zugehörigkeitsgefühl wird dadurch gestärkt und gibt einen Anreiz, das Projekt erfolgreich abzuschließen. Auch möglichen Konflikten kann durch partnerschaftliche Zusammenarbeit vorgebeugt werden.

Durch die Vielzahl an Projektbeteiligten bei Großprojekten entstehen trotz allen Bemühungen Konflikte, die gelöst werden müssen. Eine *(6.) außergerichtliche Streitbeilegung*, z.B. mit Hilfe von Mediatoren kann langwierige gerichtliche Streitigkeiten umgehen und somit Kosten- und Zeitüberschreitungen vermeiden. Voraussetzung ist jedoch, dass die am Streit beteiligten Personen / Instanzen zu einer Streitbeilegung und Konfliktlösung bereit sind.

Eine *(7.) verbindliche Wirtschaftlichkeitsuntersuchung* sollte zur Bereitstellung öffentlicher Haushaltsmittel vorliegen. Die Entscheidung darüber, ob die Mittel zur Projektrealisierung ganz oder nur teilweise von der öffentlichen Hand stammen sollen, kann durch eine Wirtschaftlichkeitsuntersuchung erleichtert werden. Dies bedeutet, dass die nach § 7 Abs. 2 BHO (Bundeshaushaltsordnung) durchzuführende Wirtschaftlichkeitsuntersuchung unterschiedliche Beschaffungsmodelle untersucht und die jeweiligen Chancen und Risiken aufzeigt. So wird eine geeignete Entscheidungsgrundlage für die folgende Projektplanung und die öffentliche

Vergabe geschaffen. Die Aussagekraft einer Wirtschaftlichkeitsuntersuchung muss zwingend durch geeignete Daten und nachvollziehbare Berechnungen belegt werden.

Dem Bauherren wird zudem empfohlen, *(8.) Klare Prozesse und Zuständigkeiten/Kompetenzzentren* zu schaffen. Die eigenen Kompetenzen und Erfahrungswerte, sowie Kapazitäten des Bauherren sollen dabei den selbst getragenen Aufgabengebieten und Verantwortungsbereichen entsprechen. Das heißt, der Bauherr selbst muss Praxiserfahrung vorweisen können und geeignetes Personal zur Verfügung haben, um die Projektorganisation und -steuerung strukturiert und sinnvoll aufbauen zu können. Werden Aufgaben delegiert oder an externe Dritte übergeben, müssen diese nachweislich die nötigen Kompetenzen vorweisen. Im Projektverlauf soll dann frühzeitig die Projektstruktur, sowie Verantwortungsbereiche, Eskalationswege und Entscheidungsträger schriftlich und verbindlich festgehalten werden. Dieses Vorgehen hilft, Unklarheiten zu vermeiden. Auch schriftlich fixiert werden sollen Voraussetzungen und Zuständigkeiten des Änderungsmanagements im Projekt. So wird vermieden, dass einzelne Personen Änderungen zu ihrem eigenen Vorteil vornehmen können. Dies verhindert zum Beispiel die wirksame Zahlung von Schmiergeldern.

Eng verbunden mit Punkt 8 ist es, eine *(9.) Stärkere Transparenz und Kontrolle* in allen Projektphasen zu schaffen. Auf Basis einer übersichtlichen und klar definierten Projektorganisation soll ein permanentes und eigenständiges Projektcontrolling in regelmäßigen Abständen über „*Kosten, Termine, Projektänderungen und Risiken [...] unterrichten.*"[105] Dies ermöglicht nicht nur eine zeitnahe Abbildung des Projektfortschritts, sondern auch von Abweichungen und aufkommenden Problemen. Wird ein regelmäßiges und vor allem unabhängiges Controlling betrieben, stehen wichtige Informationen wie bspw. Abweichungen oder Kostenerhöhungen, sowie Zeitüberschreitungen frühzeitig zur Verfügung. Dies ermöglicht es, Steuerungsmaßnahmen zu entwickeln und umzusetzen, bevor ein Projekt völlig aus dem Ruder läuft. Nur durch ein solches Vorgehen kann ein zeitnahes Änderungsmanagement stattfinden. Zwar ist dies mit einem höheren Kontroll- und Steuerungsaufwand verbunden, jedoch zahlt sich dies im Projektverlauf aus. Auch ist der Zugang der Öffentlichkeit, sowie anderer Stakeholder zu aufbereiteten und verständlichen Daten gewährleistet. Die transparente Darstellung öffentlicher Projekte ist

---

[105] BMVI, Reformkommission Bau von Großprojekten (2015, S. 9)

Lösungsvorschläge

wichtig, um Protesten vorzubeugen und gemeinsam z.b. mit von einem Projekt betroffenen Bürgern Lösungen zu entwickeln.

Zuletzt wird in dem Bericht der Reformkommission darauf verwiesen, dass die *(10.) Nutzung digitaler Methoden* standardisiert und vermehrt stattfinden sollte. Die von der Reformkommission empfohlene Methode des Building Information Modeling (deutsch: Bauwerksdatenmodellierung) wird z. B. zur Visualisierung von möglichen Projektvarianten oder der Simulation von Bau-Szenarien genutzt. So können mithilfe projektbezogener Daten digitale Modelle erstellt und noch vor der Realisierung des Projekts Einzelheiten wie bspw. Kabelschächte etc. dreidimensional dargestellt werden. Ein solches Modell erleichtert die Planung, da mögliche Fehlerquellen bereits im Modell ersichtlich werden. So können noch vor Baubeginn Arbeitsschritte aufeinander abgestimmt werden. Eine Abstimmung trägt dazu bei zeitliche Verzögerungen und unnötige doppelte Arbeiten zu vermeiden.

Der in diesem Kapitel erläuterte 10-Punkte-Plan der Reformkommission Bau von Großprojekten deckt bereits ein weites Feld von möglichen Lösungen ab. Um Kostenüberschreitungen bei Großprojekten in Deutschland darüber hinaus zu vermeiden, können jedoch noch weitere Punkte ergänzt werden. Zum einen bietet es sich an, den Aufwand in den frühen Projektphasen zu erhöhen (siehe Kapitel 5.2) und zum anderen ist es sinnvoll, Projekte mithilfe von sektorenübergreifenden Analysen zu bewerten (siehe Kapitel 5.2).

5.2 Verlagerung des Aufwands in die frühen Projektphasen

Klar ist, dass die Vorbereitung eines Projekts in der Definitions- und Planungsphase von großer Bedeutung ist. Fehler, falsche Prämissen und lückenhafte Planung führen zu Problemen und erhöhten Kosten im weiteren Projektverlauf. Diese müssen dann während der Durchführung des Projekts durch geeignete Steuerungsmaßnahmen korrigiert werden. Um ständige Anpassungen während der Projektrealisierung zu vermeiden, ist es sinnvoll mehr Zeit und Mühe in den frühen Projektphasen aufzuwenden. Werden z.B. zu Beginn eines Projekts mehr finanzielle, sowie personelle Mittel für eine umfangreichere Analyse der Projektrisiken eingesetzt, kann dies vor unerwarteten Kostenexplosionen in der Durchführungsphase schützen. Auch ermöglicht dies geeignete Gegenmaßnahmen vorab zu entwickeln. Diese können dann bei Bedarf sofort umgesetzt werden.

Auch eine detailliertere Absprache zu Beginn eines Projekts mit qualifiziertem Fachpersonal zeigt frühzeitig Schwächen und Lücken der Planung auf. Somit ist eine Korrektur noch vor Baubeginn/Projektbeginn möglich und die Planung kann vervollständigt werden. Im Endeffekt führt dies dazu, dass zeit- und kostenaufwendige Nacharbeiten in der Durchführungsphase eingespart werden und das Projekt insgesamt weniger Zeitaufwand und Kosten verursacht. Folgende *Abbildung 11* veranschaulicht vereinfacht, welche Auswirkungen eine Verlagerung des Planungsaufwands in die frühe Projektphase auf den Kostenverlauf hat. Dabei wird auf *Abbildung 10* Bezug genommen.

Abbildung 11: Verlagerung des Aufwands in die frühen Projektphasen
Quelle: eigene Darstellung in Anlehnung an Timinger (2017, S.52)

Diese Verlagerung des Aufwands in die frühe Phase war weder beim Berliner Flughafen noch beim Bau der Elbphilharmonie zu beobachten. Im Gegenteil: erst nach Jahren und bereits erheblichen Mehrkosten wurden die Projekte neu organisiert und mehr Personal für Planung, Durchführung und Kontrolle der Projekte eingesetzt.

5.3 Sektorenübergreifende Analyse von Projekten

Durch die Studie der Hertie School of Governance (siehe Kapitel 3.1) wurde deutlich, dass Projekte unterschiedlicher Sektoren verschieden hohe Kostenüberschreitungen verursachen. Vor allem stechen dabei die Sektoren IKT und Energie im Bereich der Infrastruktur deutlich hervor. Dieser Sachverhalt lässt sich durch die erhöhten Risiken der Sektoren erklären. Großprojekte dieser Sektoren beinhalten oft neuartige Technologien, welche unbekannte Risiken mit sich bringen und unerwartete Anpassungen im Projektverlauf erfordern. Werden diese Risiken nicht bei der Kosten- und Projektplanung berücksichtigt, entstehen Kostenüberschreitungen, die im Vergleich zu anderen Sektoren deutlich höher ausfallen. Aus diesem Grund empfiehlt die Hertie School of Governance ausdrücklich eine sektorenübergreifende Analyse der Projekte und einen entsprechenden Aufschlag auf die geschätzten Auftragswerte.[106] Dadurch werden die erhöhten Risiken eines Pionierprojekts von Beginn an berücksichtigt und entsprechend in der Kostenrechnung berücksichtigt.

---

[106] Vgl. Hertie School of Governance, Fact Sheet 1 (2015, S. 1)

6 Fazit

Im Laufe dieser Arbeit wurde nicht nur deutlich, dass öffentliche Großprojekte in Deutschland eine Tendenz zur Kostenüberschreitungen aufzeigen. Auch wurde klar, dass der enorme Umfang dieser Überschreitungen eine zwingende Analyse von möglichen Problemherden erfordert, um Gegenmaßnahmen einleiten zu können.

Die in Kapitel 4 durchgeführte Problemanalyse hat ergeben, dass Kostenüberschreitungen nicht durch ein bestimmtes Problem entstehen. Es bedarf einer individuellen und ganzheitlichen Betrachtung des jeweiligen Projekts und dessen Umfeld. Die Kostenüberschreitungen entstehen zum einen aufgrund mangelnder Kompetenzen der Projektbeteiligten, wie auch damit zusammenhängend mangelndem Projektmanagement, -controlling und fehlender Übernahme von Verantwortung und Führung. Zum anderen sind Faktoren wie die Art und Eigenschaften eines Projekts z. B. durch die Neuartigkeit von eingesetzten Technologien ausschlaggebend für Kostenüberschreitungen. Auch die enorme Größe und damit einhergehend dem gewaltigen Planungsaufwand eines Großprojekts führen dazu, dass die Planung unvollständig und Projektstrukturen unübersichtlich sind. Schlussendlich spielt auch die Bestechlichkeit von Projektmitarbeitern eine Rolle.

Um diesen Problemen entgegenzuwirken empfiehlt es sich, die Kommunikation eines Projektteams zu verstärken. Nur durch das Einbeziehen von Fachpersonal kann die Planung noch vor der Vergabe des Auftrags bzw. des Baubeginns vervollständigt werden. Mögliche Risiken und Anpassungspotenzial müssen von Beginn an in der Kostenberechnung berücksichtigt werden, um eine verbindliche Machbarkeitsstudie durchführen zu können. Dies spielt auch in der Vergabe des Auftrags eine wichtige Rolle: Ein endgültiges Angebot und somit auch eine endgültige Kostenprognose kann nur erfolgen, wenn die Anforderungen des Projekts vollständig sind. Eine klare Definition von Verantwortlichkeiten und Entscheidungswegen trägt zudem dazu bei, kriminellen Geschäften vorzubeugen.

Im Endeffekt wird klar, dass Kostenüberschreitungen öffentlicher Großprojekte nicht allein durch eine einzelne Maßnahme der öffentlichen Hand eingedämmt werden können. Von Beginn eines jeden Großprojekts bis zu deren Abschluss ist jeder einzelne Teilnehmer gefordert, sorgsam und nachhaltig mit den zur Verfügung stehenden Mitteln zu agieren.

Literatur- und Quellenverzeichnis

Abgeordnetenhaus Berlin. 2016. Bericht: Drucksache 17/3000. https://www.parlament-berlin.de/ados/17/IIIPlen/vorgang/d17-3000.pdf [Zugriff 29.03.2019].

Behörde für Kultur und Medien Hamburg. 2013.Nachtrag Nr. 5: Neuordnungsvereinbarung. https://www.hamburg.de/contentblob/3927048/d24a88c1243604457f977f3015ea869b/data/1-2013-04-neuordnungsvereinbarung.pdf [Zugriff 15.04.2019].

Bergmann, Rainer & Garrecht Martin. 2008. Organisation und Projektmanagement. Reihe: BA Kompakt von Kornmeier, Martin & Schneider, Willy (Hrsg.). Heidelberg: Physica-Verlag.

Berliner Zeitung. 2014. Artikel: Flughafen BER: Mehrkosten durch Stillstand sind geheim. Erschienen am 26.April 2014 auf berliner-zeitung.de. https://www.berliner-zeitung.de/berlin/flughafen-ber-mehrkosten-durch-stillstand-sind-geheim--3019622 [Zugriff 05.04.2019].

Berliner Zeitung. 2017. Artikel: Anti-Flughafen-Proteste. Schon 300 Montagsdemos gegen den BER. Erschienen am 27.03.2017 auf berliner-zeitung.de. https://www.berliner-zeitung.de/berlin/verkehr/anti-flughafen-proteste-schon-300-montagsdemos-gegen-den-ber-26266544 [Zugriff 08.04.2019].

BMVI. Kein Datum. Reformkommission Bau von Großprojekten. Komplexität beherrschen – kostengerecht, termintreu und effizient. Endbericht. https://www.bmvi.de/SharedDocs/DE/Publikationen/G/reformkommission-bau-grossprojekte-endbericht.pdf?__blob=publicationFile [Zugriff 08.05.2019].

BMWi. Kein Datum. Webseite. Wettbewerbsregister. https://www.bmwi.de/Redaktion/DE/Artikel/Wirtschaft/wettbewerbsregister.html. [Zugriff am 17.02.2019].

Bürgerschaft der Freien und Hansestadt Hamburg. 2006. Haushaltsplan: Drucksache 18/2570. https://www.buergerschaft-hh.de/parldok/dokument/16261/.pdf [Zugriff 10.04.2019].

Bürgerschaft der Freien und Hansestadt Hamburg. 2006. Haushaltsplan: Drucksache 18/5526. https://www.buergerschaft-hh.de/parldok/dokument/19737/.pdf [Zugriff 10.04.2019].

Bürgerschaft der Freien und Hansestadt Hamburg. 2007. Bericht: Drucksache 18/6905. https://www.buergerschaft-hh.de/parldok/dokument/21425/bericht_ueber_den_stand_des_projektes_elbphilharmonie_hamburg.pdf [Zugriff 11.04.2019].

Bürgerschaft der Freien und Hansestadt Hamburg. 2008. Bericht: Drucksache: 19/1841. https://www.buergerschaft-hh.de/parldok/dokument/24692/haushaltsplan_entwurf_2009_2010_realisierung_des_projektes_elbphilharmonie_sachstandsbericht_zum_23_dezember_2008_und_ergaenzung_des_haushaltsplan_ent.pdf [Zugriff 14.04.2019].

Bürgerschaft der Freien und Hansestadt Hamburg. 2011. Bericht: Drucksache 19/8400. https://www.buergerschaft-hh.de/ParlDok/dokument/32104/sachstandsbericht-des-parlamentarischen-untersuchungsausschusses-„elbphilharmonie".pdf [Zugriff 12.04.2019].

Bürgerschaft der Freien und Hansestadt Hamburg. 2014. Bericht: Drucksache 20/11500. https://www.buergerschaft-hh.de/ParlDok/dokument/44803/bericht-des-parlamentarischen-untersuchungsausschusses-„elbphilharmonie".pdf [Zugriff 12.04.2019].

Bürgerschaft der Freien und Hansestadt Hamburg. 2017. Schriftliche Kleine Anfrage und Antwort des Senats: Drucksache 21/9573. https://www.buergerschaft-hh.de/parldok/dokument/58366/.pdf [Zugriff 10.04.2019].

B.Z. 2012. Artikel: Die Story der BER-Pleite, von Anfang an. Erschienen am 09. September 2012 in der B.Z. Berlin. https://www.bz-berlin.de/artikel-archiv/die-story-der-ber-pleite-von-anfang-an [Zugriff 22.03.2019].

Drews, Günter et. al. 2016. Praxishandbuch Projektmanagement. 2te Auflage. Freiburg: Haufe Verlag.

Engel, Claus et. al. 2008. Ergebnisse der Projektmanagementstudie 2008. Erfolg und Scheitern im Projektmanagement. GPM e. V. & PA Consulting Group. https://www.gpm-ipma.de/fileadmin/user_upload/GPM/Know-How/Ergebnisse_Erfolg_und_Scheitern-Studie_2008.pdf [Zugriff 06.05.2019].

Literatur- und Quellenverzeichnis

EU-Richtlinie 2014/23/EU des europäischen Parlaments und des Rates. Amtsblatt der Europäischen Union L94/1. Vom 26. Februar 2014 über die Konzessionsvergabe. https://www.bmwi.de/Redaktion/DE/Downloads/P-R/richtlinie-konzessionsvergabe.pdf?_blob=publicationFile&v=1 [Zugriff 07.04.2019].

FBB GmbH. 2017. Geschäftsbericht. https://www.berlin-airport.de/de/presse/publikationen/unternehmen/2018/2017-geschaeftsbericht.pdf [Zugriff 24.03.2019].

FBB GmbH. 2013. Sachstandsbericht BER (Stand: 24.02.2013). https://www.berlin-airport.de/de/unternehmen/aktuelles/sachstandsberichte/2013/2013-02-25-sachstandsbericht-ber-februar-2013.pdf [Zugriff 05.04.2019].

FBB GmbH. 2013. Sachstandsbericht BER (Stand: 19.06.2013). https://www.berlin-airport.de/de/unternehmen/aktuelles/sachstandsberichte/2013/2013-06-19-sachstandsbericht-ber-juni-2013.pdf [Zugriff 05.04.2019].

FBB GmbH. 2014. Sachstandsbericht BER (Stand: 30.04.2014). https://www.berlin-airport.de/de/unternehmen/aktuelles/sachstandsberichte/2014/2014-04-30-sachstandsbericht.pdf [Zugriff 05.04.2019].

FBB GmbH. 2014. Sachstandsbericht BER. FBB fit für die Zukunft machen. (Stand: 16.11.2014) https://www.berlin-airport.de/de/unternehmen/aktuelles/sachstandsberichte/2014/2014-11-16-sachstandsbericht.pdf [Zugriff 05.04.2019].

FBB GmbH. 2014. Sachstandsbericht BER (Stand: 19.12.2014). https://www.berlin-airport.de/de/unternehmen/aktuelles/sachstandsberichte/2014/2014-12-19-sachstandsbericht.pdf [Zugriff 05.04.2019].

FBB GmbH. 2017. Sachstandsbericht BER (Stand: 20.02.2017). https://www.berlin-airport.de/de/unternehmen/aktuelles/sachstandsberichte/2017/2017-02-20-Sachstandsbericht-BER.pdf [Zugriff: 05.04.2019].

Focus Online. 2017. Artikel: Eröffnung der Elbphilharmonie. Jetzt ist Hamburg stolz auf sein Baudesaster. Erschienen am 11. Januar 2017 auf focus.de. https://www.focus.de/immobilien/bauen/endlich-fertig-die-elbphilharmonie-ist-spektakulaeres-wahrzeichen-und-zugleich-ein-baudesaster_id_6480654.html [Zugriff 09.04.2019].

Frankfurter Allgemeine. 2003. Artikel: Privatisierung von Hauptstadt-Flughafen gescheitert. Erschienen am 22.05.2003 in der Frankfurter Allgemeine Zeitung, Wirtschaft. https://www.faz.net/aktuell/wirtschaft/berlin-privatisierung-von-hauptstadt-flughafen-gescheitert-1104085.html [Zugriff 24.03.2019].

Gessler, Michael (Hrsg.). 2016. Finanzierung. Grundlagen für Investitions- und Finanzierungsentscheidungen im Unternehmen. 3te Auflage. Stuttgart: W. Kohlhammer Verlag.

Handelsblatt. Kapalschinski, Christoph. 2016. Artikel: Geheimsache Elbphilharmonie: Baukosten höher als gedacht. Erschienen am 04.November 2011 auf handelsblatt.com. https://www.handelsblatt.com/unternehmen/dienstleister/baukosten-hoeher-als-gedacht-geheimsache-elbphilharmonie/14792022.html?ticket=ST-2004155-mNcWY0MULHmhiBLPMzPC-ap4 [Zugriff 09.04.2019].

Hertie School of Governance. Kostka, Genia & Anzinger, Niklas. 2015. Studie: Großprojekte in Deutschland – Zwischen Ambition und Realität. Fact sheet 1. https://hertieschool-f4e6.kxcdn.com/fileadmin/2_Research/2_Research_directory/Research_projects/Large_infrastructure_projects_in_Germany_Between_ambition_and_realities/1_Grossprojekte_in_Deutschland_-_Factsheet_1.pdf [Zugriff 25.03.2019].

Hertie School of Governance. Kostka, Genia & Anzinger, Niklas. 2015. Large Infrastructure Projects in Germany. Between Ambition and Realities. Working Paper 1. https://hertieschool-f4e6.kxcdn.com/fileadmin/2_Research/2_Research_directory/Research_projects/Large_infrastructure_projects_in_Germany_Between_ambition_and_realities/1_WP_CrossSectoralAnalysis.pdf [Zugriff 25.03.2019].

Herzog & de Meuron. 2017. Projektbeschreibung No. 230. Elbphilharmonie Hamburg. https://d3c80vss50ue25.cloudfront.net/media/filer_public/70/17/7017703e-4c75-49f3-a117-7d7336cdb64c/12_projektbeschreibung_herzogdemeuron.pdf [Zugriff 08.04.2019].

Kalusche, Wolfdietrich. Projektmanagement für Bauherren und Planer. Reihe: Bauen und Ökonomie von Möller, Dietrich-Alexander & Kalusche, Wolfdietrich (Hrsgg.). 4te Auflage. Berlin: Walter de Gruyter GmbH.

Keßler, Heinrich & Winkelhofer, Georg. 2004. Projektmanagement: Leitfaden zur Steuerung und Führung von Projekten, mit 42 Tabellen. 4te Auflage. Berling: Springer Verlag.

Kuster, Jürg et. al. 2019. Handbuch Projektmanagement: Agil – Klassisch – Hybrid. 4te Auflage. Berlin: Springer Verlag GmbH

Leinemann, Ralf (Hrsg.) & Leinemann, Eva-Dorothee & Kirch, Thomas. 2016. Die Vergabe öffentlicher Aufträge. 6te Auflage. Köln: Bundesanzeiger Verlag GmbH.

Münninghoff, Gerhard. 2016. Projektmanagement. Kein Buch mit sieben Siegeln. 3te Auflage. Norderstedt: BoD.

Noch, Rainer. 2016. Vergaberecht kompakt: Handbuch für die Praxis. 7te Auflage. Köln: Wolters Kluwer Deutschland GmbH.

n-tv. 2016. Artikel: Urteil im Korruptionsprozess. Ex-BER-Bereichsleiter erhält Haftstrafe. Erschienen am 12. Oktober 2016 auf auf n-tv.de. Wirtschaft. https://www.n-tv.de/wirtschaft/Ex-BER-Bereichsleiter-erhaelt-Haftstrafe-article18842606.html [Zugriff 07.07.2019].

Ottmer, Joachim. 2018. Artikel: Kostenfalle bei Großprojekten. Staatliche Bauprojekte – teuer und verplant. Erschienen am 21. November 2018 auf zdf.de. https://www.zdf.de/nachrichten/heute/zdfzoom-kostenfalle-bei-grossprojekten-100.html [Zugriff 11.05.2019].

Patzak, Gerold & Rattay, Günter. 2018. Projektmanagement. Projekte, Projektportfolios, Programme und projektorientierte Unternehmen. 7te Auflage. Wien: Linde international.

ReGe Hamburg Projekt-Realisierungsgesellschaft mbH. 2019. Online. https://www.rege.hamburg/unternehmen/ [Zugriff 30.04.2019].

Rüger, Andreas. 2016. Präsentation: Das neue Vergaberecht. Status Quo und Ausblick. 5ter Kölner Vergabetag – 13. September 2016. Bundesministerium für Wirtschaft und Energie. https://www.subreport.de/wp-content/uploads/2016/09/Das-neue-Vergaberecht-Andreas-Rueger.pdf [Zugriff am 18.02.2019].

Schiller, Klaus et. al. f:data GmbH Weimar und Dresden (Hrsg.). 2019. Webseite: Bauprofessor.de. https://www.bauprofessor.de/Generalunternehmer%20(GU)/b622e6f7-42bd-42d5-b53b-46397ac10ef5 [Zugriff 30.04.2019].

Schilling, Gert. 2004. Projektmanagement. Der Praxisleitfaden für die erfolgreiche Durchführung von kleinen und mittleren Projekten. 2te Auflage. Berlin: Schilling.

Süddeutsche Zeitung. 2013. Artikel: Chronik des BER. Was lange währt, wird lang nie gut. Erschienen am 08. Januar 2013 auf Süddeutsche.de. Politik. https://www.sueddeutsche.de/politik/2.220/chronik-des-ber-was-lange-waehrt-wird-lang-nicht-gut-1.1567643 [Zugriff 22.03.2019].

Südkurier. 2018. Artikel: Groß, größer, Geldvernichter – Wie Megaprojekte und Kostenexplosion in Deutschland fast immer Hand in Hand gehen. Erschienen am 30. November 2018 auf suedkurier.de. https://www.suedkurier.de/ueberregional/wirtschaft/Gross-groesser-Geldvernichter-Wie-Megaprojekte-und-Kostenexplosion-in-Deutschland-fast-immer-Hand-in-Hand-gehen;art416,9976743 [Zugriff 11.05.2019].

Spiegel Online. 2015. Artikel: Deutschlands Albtraum-Projekte. Erschienen am 19. Mai 2015 auf spiegel.de. Wirtschaft. http://www.spiegel.de/wirtschaft/soziales/grossprojekte-in-deutschland-die-top-und-flop-ten-a-1033977.html [Zugriff 11.05.2019].

Der Tagesspiegel. Metzner, Thorsten. 1999. Artikel: Zuschlag an Hochtief wieder offen. Erschienen im Tagesspiegel am 27.07.1999. https://www.tagesspiegel.de/themen/brandenburg/zuschlag-an-hochtief-wieder-offen/83584.html [Zugriff 04.04.2019].

Der Tagesspiegel. 2018. Artikel: Finanzierung des Hauptstadtflughafens. Daldrup will bis 2020 ohne neue öffentlichen Zahlungen auskommen. Erschienen am 23.02.2018 auf tagesspiegel.de. https://www.tagesspiegel.de/berlin/finanzierung-des-hauptstadtflughafens-daldrup-will-bis-2020-ohne-neue-oeffentliche-zahlungen-auskommen/20999410.html [Zugriff 07.04.2019].

Timinger, Holger. 2017. Modernes Projektmanagement. Mit traditionellem, agilem und hybridem Vorgehen zum Erfolg. 1te Auflage. Weinheim: WILEY-VCH Verlag GmbH & Co. KGaA.

Westfälische Nachrichten. 2017. Artikel: Chronologie. Etappen beim Bau der Elbphilharmonie. Erschienen auf wn.de am 11. Januar 2017. https://m.wn.de/Welt/Thema/Hintergruende/2017/01/2658309-Chronologie-Etappen-beim-Bau-der-Elbphilharmonie [Zugriff 09.04.2019].

Zeit Online. 2010. Artikel: Merkel fordert mehr Ehrlichkeit bei Großprojekten. Erschienen am 22. Oktober 2010 auf Zeit-Online.de. Politik. https://www.zeit.de/politik/deutschland/2010-10/stuttgart21-schlichtung-merkel-baukosten [Zugriff 09.04.2019].

Zeit Online. 2015. Artikel: BER-Firma Imtech ist pleite. Erschienen am 06. August 2015 auf Zeit-Online.de. Wirtschaft. https://www.zeit.de/wirtschaft/unternehmen/2015-08/insolvenz-deutsche-imtech [Zugriff 05.04.2019].

Zirkler, Bernd et. al. 2019. Projektcontrolling. Leitfaden für die betriebswirtschaftliche Praxis. Wiesbaden: Springer Fachmedien Wiesbaden GmbH.

Rechtsquellenverzeichnis

GWB: Gesetz gegen Wettbewerbsbeschränkungen in der Fassung der Bekanntmachung vom 26. Juni 2013 (BGBl. I S. 1750, 3245), das zuletzt durch Artikel 10 des Gesetzes vom 12. Juli 2018 (BGBl. I S. 1151) geändert worden ist.

KonzVgV: Konzessionsvergabeverordnung vom 12. April 2016 (BGBl. I S. 624, 683), die zuletzt durch Artikel 6 des Gesetzes vom 10. Juli 2018 (BGBl. I S. 1117) geändert worden ist.

MiLoG: Mindestlohngesetz vom 11. August 2014 (BGBl. I S. 1348), das zuletzt durch Artikel 2 Absatz 4 des Gesetzes vom 18. Juli 2017 (BGBl. I S. 2739) geändert worden ist

OWiG: Gesetz über Ordnungswidrigkeiten in der Fassung der Bekanntmachung vom 19. Februar 1987 (BGBl. I S. 602), das zuletzt durch Artikel 3 des Gesetzes vom 17. Dezember 2018 (BGBl. I S. 2571) geändert worden ist.

SchwarzArbG: Schwarzarbeitsbekämpfungsgesetz vom 23. Juli 2004 (BGBl. I S. 1842), das zuletzt durch Artikel 2 Absatz 1 des Gesetzes vom 18. Juli 2017 (BGBl. I S. 2739) geändert worden ist.

Literatur- und Quellenverzeichnis

SektVo: Sektorenverordnung vom 12. April 2016 (BGBl. I S. 624, 657), die zuletzt durch Artikel 5 des Gesetzes vom 10. Juli 2018 (BGBl. I S. 1117) geändert worden ist.

StGB: Strafgesetzbuch in der Fassung der Bekanntmachung vom 13. November 1998 (BGBl. I S. 3322), das zuletzt durch Artikel 14 des Gesetzes vom 18. Dezember 2018 (BGBl. I S. 2639) geändert worden ist.

VergStatVo: Vergabestatistikverordnung vom 12. April 2016 (BGBl. I S. 624, 691)

VGV: Vergabeverordnung vom 12. April 2016 (BGBl. I S. 624), die zuletzt durch Artikel 4 des Gesetzes vom 10. Juli 2018 (BGBl. I S. 1117) geändert worden ist.